普通高等教育精品系列教材

ERP沙盘模拟项目教程

ERP Sandbox Simulation Project Tutorial

主　编◎张　芳　曾方俊

西南财经大学出版社
中国·成都

图书在版编目(CIP)数据

ERP 沙盘模拟项目教程/张芳,曾方俊主编. 成都:西南财经大学出版社,2025. 8. --ISBN 978-7-5504-6785-9

Ⅰ. F272. 7

中国国家版本馆 CIP 数据核字第 2025MF6469 号

ERP 沙盘模拟项目教程

ERP SHAPAN MONI XIANGMU JIAOCHENG

主　编　张芳　曾方俊

策划编辑:冯　雪
责任编辑:冯　雪
责任校对:高小田
封面设计:墨创文化
责任印制:朱曼丽

出版发行	西南财经大学出版社(四川省成都市光华村街 55 号)
网　　址	http://cbs. swufe. edu. cn
电子邮件	bookcj@ swufe. edu. cn
邮政编码	610074
电　　话	028-87353785
照　　排	四川胜翔数码印务设计有限公司
印　　刷	郫县犀浦印刷厂
成品尺寸	185 mm×260 mm
印　　张	14. 625
字　　数	271 千字
版　　次	2025 年 8 月第 1 版
印　　次	2025 年 8 月第 1 次印刷
印　　数	1— 1500 册
书　　号	ISBN 978-7-5504-6785-9
定　　价	49. 80 元

前言

QIANYAN

近年来，数字化转型浪潮以前所未有的态势席卷全球，企业资源规划（ERP）作为现代企业管理的核心利器，已成为培育复合型管理人才的关键实践平台。党的二十大报告明确指出，教育、科技、人才是全面建设社会主义现代化国家的基础性、战略性支撑，强调要深入实施科教兴国战略、人才强国战略、创新驱动发展战略，加快建设教育强国、科技强国、人才强国，坚持为党育人、为国育才，全面提高人才自主培养质量。在“新文科”建设的时代背景下，教育部也将加强经管类专业实践教学体系建设列为重点任务。在此形势下，ERP 沙盘模拟凭借其沉浸式、强互动的独特教学优势，成功突破传统实践教学的瓶颈，成为经管类专业教学改革的重要抓手。

通过模拟企业全生命周期运营，学生得以置身动态竞争环境，深度体验战略决策、资源调配与团队协作的实战场景，实现理论知识与实践能力的有机融合。这不仅有助于提升学生的专业素养，更是贯彻落实党的二十大精神中关于全面提高人才自主培养质量要求的生动实践，为培养适应新时代需求的高素质经管人才提供了有效途径。

ERP 沙盘模拟创新采用手工沙盘与电子沙盘双轨并行的教学模式，构建起覆盖采购、生产、营销、财务等核心业务模块的虚拟商业生态系统。参与者通过角色扮演、数据深度分析与决策推演，逐步洞悉企业运营的底层逻辑。这种“做中学”的教学模式有效填补了传统理论教学的空白，目前已被国内众多高校纳入经管类专业核心实训课程体系。它让学生在实践中锤炼创新思维与解决实际问题的能力，与党的二十大报告中鼓励创新、推动教育与实践相结合的理念高度契合。

本教材严格遵循“理实一体、项目驱动”的编写理念，坚持“实用、适用”的原则，系统整合“用友 ERP 手工沙盘系统”与“贝腾创业之星电子沙盘系统”教学资源。贝腾创业之星系统为“学创杯”全国大学生创业综合模拟大赛的指定竞赛软件，本教材紧密围绕比赛要求设计有针对性的操作练习，旨在全面提升学习者的竞赛能力，切实达成“以赛促教、以赛促学、以赛促建”的教学目标。这一设计有助于激发学生的学习积极性与竞争意识，培养其创新精神与团队合作能力，是对党的二十大精神中提升人才综合素质、培养创新型人才要求的积极响应。

全书共分为四个篇章、六个项目模块：第一篇为实验导引，包含项目一课程认知和团队组建；第二篇为手工沙盘模拟经营，包含项目二 ERP 手工沙盘教学模拟经营和项目三 ERP 手工沙盘自主经营；第三篇为电子沙盘模拟经营，包含项目四 ERP 电子沙盘教学模拟经营和项目五 ERP 电子沙盘自主经营；第四篇为总结，包含项目六实验总结。各篇章与项目模块层层递进，引导学生逐步深入掌握 ERP 沙盘模拟的知识与技能，实现从理论认知到实践操作再到总结提升的学习闭环，助力学生全面成长为符合新时代要求的经管人才。

本教材由张芳、曾方俊担任主编，并由张芳负责统稿工作。本教材适用于高等院校工商管理、物流管理、人力资源管理、市场营销、财务管理、电子商务等专业的 ERP 实验课程教学，同时也可作为企业内部培训的参考资料。

由于编者水平有限，书中难免存在疏漏之处，恳请广大读者不吝赐教。

编者

2025 年 3 月

目 录

CONTENTS

第一篇 实验导引

第二篇 手工沙盘模拟经营

第三篇　电子沙盘模拟经营

第四篇　总结

第一篇

实验导引

项目一 课程认知与团队组建

一、项目概述

本项目将介绍企业资源计划（ERP）的概念、原理以及 ERP 沙盘模拟的基本内容，组建与打造高绩效 ERP 沙盘模拟经营团队。

二、学习目标

（一）素质目标

1. 培养全局理念和解决问题的能力。
2. 培养创新思维。
3. 培养自我管理、勇于承担责任的专业素质。

（二）知识目标

1. 掌握企业运营的一般流程。
2. 掌握 ERP 沙盘模拟经营的基本思路。
3. 理解各岗位的工作职责和工作内容。
4. 掌握团队建设的基本思路。

（三）能力目标

1. 能够准确描述企业运营的一般流程。
2. 能够阐释 ERP 沙盘模拟经营主要内容及盘面各版块之间的联系。
3. 合理分工，明确角色岗位的工作职责与工作内容，有效进行团队建设。

三、知识准备

（一）什么是 ERP

ERP 的内涵可以从管理思想、软件产品、管理系统三个角度去理解。

管理思想角度的定义：ERP 是由美国著名的计算机技术咨询和评估集团（Garter Group Inc）提出的一整套企业管理系统体系标准，其实质是在制造资源计划（manufacturing resources planning，MRPI）的基础上进一步发展而成的面向供应链（supply chain）的管理思想。

软件产品角度的定义：ERP 是综合应用了客户机/服务器体系、关系数据库结构、面向对象技术、图形用户界面、第四代语言（4GL）、网络通信等信息产业成果，以 ERP 管理思想为“灵魂”的软件产品。

管理系统角度的定义：ERP 是整合了企业管理理念、业务流程、基础数据、人力物力、计算机硬件和软件的企业资源管理系统。

因此，对应于管理界、信息界、企业界不同的表述要求，ERP 分别有着它特定的内涵和外延。对于企业来说，要理解 ERP，首先要明确什么是“企业资源”。简单地说，“企业资源”是指支持企业业务运作和战略运作的事物，也就是常说的“人”“财”“物”。可以认为，ERP 就是一个有效计划、组织和实施企业“人”“财”“物”管理的系统，它依靠 IT 技术和手段来保证其信息的集成性、实时性和统一性。

ERP 最初是一种基于企业内部“供应链”的管理思想，在物料需求计划（MRP Ⅱ）的基础上扩展了管理范围，并给出了新的结构。它的基本思想是将企业的业务流程看作一个紧密连接的供应链，将企业内部划分成几个相互协同作业的支持子系统，如财务、市场营销、生产制造、质量控制、服务维护、工程技术等。最早采用这种管理方式的是制造业，当时主要考虑的是企业库存物料管理，于是产生了 MRP 系统，同时企业的其他业务部门也都各自建立了信息管理系统，如会计部门的计算机账务处理系统、人事部门的人事档案管理系统等。而这些系统早期都是相互独立的，彼此缺少关联，从而形成了信息孤岛，不但没有发挥 IT 手段的作用，反而造成了企业管理的重复和不协调。在这种情况下，MRP Ⅱ应运而生，它围绕“在正确的时间制造和销售正确的产品”这个中心问题，将企业的“人”“财”“物”进行集中管理。ERP 可以说是

MRPⅡ的扩展：第一，它将系统的管理核心从“在正确的时间制造和销售正确的产品”转移到了“在最佳的时间和地点，获得企业的最大增值”；第二，基于管理核心的转移，其管理范围和领域也从制造业扩展到了其他行业和企业；第三，它在功能和业务集成性方面，都有了很大的提升，特别是商务智能的引入使得以往简单的事务处理系统变成了真正智能化的管理控制系统。

丰田（Toyota）通过 AI-ERP 实现零库存生产

海尔集团 ERP 系统整合全球研发、生产与销售，实现“按需生产”

（二）ERP 沙盘模拟经营

ERP 沙盘模拟能全方位展现企业经营管理，是一种高效的体验式学习方式，它通过模拟建立企业各部门，将企业运营涉及的整体战略、产品研发、生产设备投资改造、产能规划、物料需求计划、资金需求计划、市场与销售、财务管理等多方面的业务操作内容在企业沙盘上进行模拟演练操作，并通过角色扮演，让每个学员都担任某一部门的负责人，从而直接参与企业经营运作，体验复杂、抽象的企业经营管理。ERP 沙盘模拟涉及的企业运营内容如图 1.1 所示。

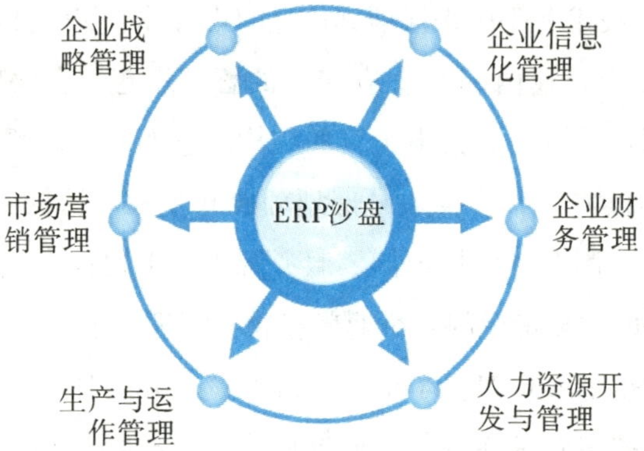

图 1.1　ERP 沙盘模拟涉及的企业运营内容

（三）组织机构与岗位角色

1. 模拟企业组织结构

模拟企业组织结构如图 1.2 所示。

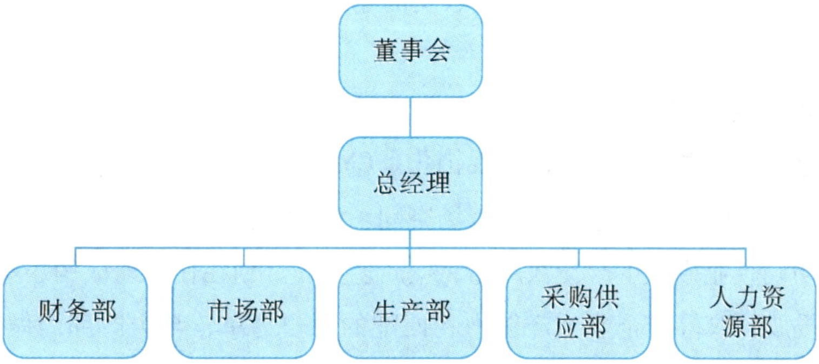

图 1.2　模拟企业组织结构

2. 模拟企业中的岗位角色

（1）总经理（CEO）。

总经理是企业团队的建设者和激励者，是企业整体发展战略的制定者，是企业资产投资的决策者，是企业生产经营的设计者，是企业其他部门决策的参与者和指导者。企业所有的重要决策均由总经理带领团队成员共同决定，如果大家意见相左，则由 CEO 拍板决定。所有人均可由 CEO 调动，CEO 还要负责团队成员的考勤记录、贡献度与参与度记录等。CEO 的具体职责如下：

◇组织实施企业年度经营计划和投资方案；

◇支持企业的日常生产经营管理；

◇拟定企业的基本管理制度和具体规章；

◇在职责范围内，对外代表企业处理业务。

（2）财务总监（CFO）。

财务总监主要负责资金的筹集与管理。CFO 不仅要管好现金流，按需求支付各项费用，进行现金预算，采用经济有效的方式筹集资金；还要核算成本，按时报送财务报表并做好财务分析。CFO 的具体职责如下：

◇实现对所有者权益的管理和保证现金流的正常运转；

◇参与总体发展战略的制定，估计各年及各经营时期现金总量的需求，制订相应长短期贷款方案；

◇进行全面财务预算，保证现金流的畅通，并实现对成本的全面控制，以降低企业的经营风险和经营成本；

◇在各年的实际经营中，做好现金收支的登记工作；

◇填制财务报表。

（3）营销总监（CMO）。

营销总监主要负责开拓市场、实现销售。CMO 一方面要稳定企业现有市场，另一方面要积极开拓新市场，争取更大的市场空间。CMO 应结合市场预测及客户需求制订销售计划（明确企业应该生产什么产品，生产多少，计划在什么地区销售等），有选择地进行广告投放，取得与企业生产能力相匹配的客户订单；与生产部门做好沟通，并保证按时交货给客户，监督货款的回收；同时要注意调查竞争对手的动向。CMO 的具体职责如下：

◇参与制定企业经营战略；

◇参与制定与市场需求相应、且与企业能力相应的投资策略；

◇制定企业的销售策略；

◇做相应的广告策略及市场订单的选择策略；

◇制定企业市场开拓和 ISO 认证等投资方案；

◇按订单交货，收款及登记好应收账款；

◇向财务申请支付与市场相关的现金支出等。

（4）生产总监（COO）。

生产总监负责公司生产、仓储等方面的工作，制订并落实生产计划，维持生产低成本稳定运行；保持生产正常运行，及时交货；组织新产品研发、扩充并改进生产设备，不断降低生产成本。生产总监需明确以下内容：①根据市场上对各种产品的需求状况，确定生产什么、生产多少以及何时生产；②企业目前的产能；③新产品的研发进程；④产品线投资分析；⑤新产品线用于生产何种产品、所需资金来源、设备安装地点；⑥在制品上线的具体时间及所需物料储备。COO 的具体职责如下：

◇安排产能大、效率高的生产线生产主打产品；

◇合理安排生产线，减少维修费和折旧费；

◇协助采购总监计算原材料采购数据；

◇向市场总监提供准确的产能数据；

◇向财务总监提供生产所需原材料采购费用、加工费、维修费、折旧费等数据。

（5）采购总监（CPO）。

采购总监要确保在合适的时间点，采购合适的品种及数量的物资，为企业生产做好后勤保障。采购总监需明确采购什么、采购多少，以及何时采购。CPO 的具体职责如下：

◇根据生产线的情况准确计算原材料的采购需求；

◇配合生产总监做好原材料上线生产工作；

◇管理好原材料仓库。

（四）高绩效团队打造

1. 高绩效团队特征

手工沙盘模拟经营中，每个训练班级分成 10 个运营管理团队，每个团队为 5～6 人，每个组员都担任模拟企业中的一个职位，包括总经理、财务总监、销售总监、采购总监和生产总监（6 人组团队增设财务助理岗位）。应按照异质分组原则组建团队并合理分工，分工时注意认真审视自身特长，确定好分工后各岗位人员要熟悉岗位工作职责与工作内容。

ERP 沙盘模拟经营过程中，企业各团队将就本企业的整体战略、产品研发、市场开发方向、生产排程、资金筹集与运用等多个方面展开分析讨论，在运营过程中团队合作必不可少。

团队合作是一种为达到既定目标而显现出的自愿合作和协同努力的精神。对《财富》500 强的调查表明：超过 1/3 的企业宣称“团队合作”是本企业的核心价值观。团队在企业经营中扮演着极其重要的角色，在企业发展过程中也发挥着十分重要的作用。团队合作要求个人除了具备专业知识外，还应该有较强的团队合作能力，且这种合作能力有时甚至比专业知识更加重要。每个企业都希望打造和拥有高绩效团队，高绩效团队具备如下特征：

（1）具有一个明确的共同目标。

如果没有共同认可的、清晰明确的目标，团队绝不可能是高效的；如果没有共同努力的目标，一个成员的工作越高效，可能给团队带来的损失就越大。

（2）具有一致的信念、理念。

团队成员都能在共同信念的引导和激励下，带着与团队使命一致的文化理念工作，能自觉地为了团队的使命和利益，勇于和善于付出自己的全部能力和能量。

（3）拥有一位高瞻远瞩和务实高效的领导。

一个想取得成功的企业、组织或者团队，拥有一位高瞻远瞩、务实高效的领导是不可缺少的。

（4）具有“团队利益高于个人利益”的责任感。

每个成员都能为了团队的使命、任务、利益、荣誉，愿意、勇于承担责任，并且一切言行都能够服从、服务团队的使命、任务、利益、荣誉。

（5）具有一些不同角色、技能匹配的成员。

一个团队任务的实现，是通过科学、知识、信息、资源、能源等很多因素的投入、加工、整合、变化、积累而形成的，而且一个人的精力和能力有限，因此需要不同角色的成员协同工作。

（6）具有和谐的人文环境。

和谐的人文环境是文化氛围、正气氛围、创新氛围、创业氛围、成功氛围、激励氛围、信任氛围等的综合，但绝不是没有原则的一团和气。

（7）具有融合和服务于团队各项工作的沟通意识。

为了完成设定的目标，多种角色的成员需要进行信息、思想和情感的传递和沟通。有效、良好的沟通能促进个体和团体高效工作。

此外，作为企业中的一员，每个团队的成员都应该首先让别人感受到被尊重和被重视。因为每个人都有被别人重视的需要，特别是对具有创造性思维的知识型员工更是如此，有时一句小小的鼓励和赞许就可以使他释放出无限的工作热情。其次要做到适当地“依赖”别人，当您对别人寄予希望时，别人也同样会对您寄予希望。再次是“自查”，企业中的每个员工都应该时常检查一下自己的缺点，保持足够的谦虚，有些缺点在单兵作战时可能还能被忍受，但在团队合作中则可能成为您进一步成长的障碍。团队工作中需要成员在一起不断地讨论，如果您固执己见，无法听取他人的意见，或无法和他人达成一致，团队的工作就无法开展下去。团队的效率在于配合的默契，如果无法达成这种默契，团队合作则可能是不成功的。

根据图 1.3 完成填空：

①你最感兴趣的工作岗位是________________________________。

②你最想承担的工作岗位是________________________________。

③经过团队讨论，你最终担任的是________________________职位。

④补充完成：

我对未来的工作____

____

____。

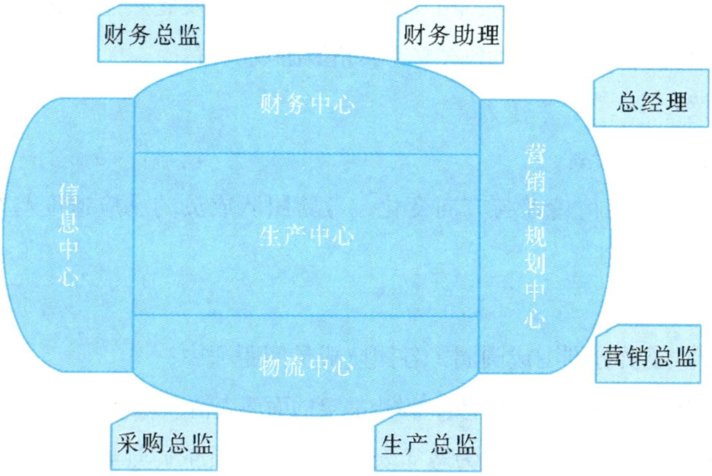

图 1.3　岗位角色位置

意面棉花糖塔挑战赛

《团队协作的五大障碍》精华阅读

2. 团建演练

（1）公司命名与 CEO 就职演说。

首先由 CEO 带领团队成员召开第一次会议，为公司命名，好的名字是可以直接体现公司意向的，因此要选择那些可以吸引客户眼球的公司名称。以下建议供参考：不要刻意修饰公司的名字，尽量让名字简单明了；尽量让名字读起来流畅，不要用一些生字、难字；名字要简短，好记；字义的意境优美，符合公司形象，提炼简洁、明了的企业经营理念。然后 CEO 发表就职演说，展望未来。

公司名称：________________________________

CEO 说了什么（记录要点）：________________________________

____

____

（2）团队趣味热身拓展练习。

以实现打破隔膜、轻松玩乐、相互协作与增进成员彼此熟悉了解为训练目标，可采用两个团队对抗模式，完成以下六款经典拓展游戏练习：

①我笑你哭：

游戏时长：5~10 分钟。

游戏目标：通过表情传递与方向变化，考验团队成员的反应速度与观察能力，活跃团队气氛。

游戏规则：

A. 两个团队成员分别围成圆圈，各团队成员间距适中；

B. 团队带领者率先转向右侧组员，做出搞笑的面部表情，该组员需原样传递给下一位；

C. 当组员向左传递时，需转为悲痛表情，后续组员依此规则交替向左、向右传递表情；

D. 若组员传递表情错误或传递方向失误，则判定该组员所在团队本轮失败；游戏可重复多轮，累计获胜次数多的团队胜出。

②集体创作：

游戏时长：20~30 分钟。

游戏目标：在限定条件下，激发团队成员的创意与协作能力，培养团队共同完成任务的默契。

游戏材料：足量笔，大张白纸或黑板。

游戏规则：

A. 将两个团队各自拆分为若干小组；

B. 各团队组长同时指定相同画题，如“人”“狗”“鱼”等；

C. 各小组轮流在纸或黑板上作画，每人仅能画一笔；

D. 限时结束后，由评委团从画作的完整性、创意性等维度进行打分，得分高的团队获胜。

③快乐传真：

游戏时长：10~15 分钟。

游戏目标：通过非语言沟通，提升团队成员间的理解与表达能力，增进彼此默契。

游戏材料：A4 纸、记号笔（提前写好词语或句子）。

游戏规则：

A. 两个团队成员分别排成一列；

B. 主持人将写有词语或句子的纸张展示给各团队首位队员；

C. 队员 1 通过肢体语言将内容传递给队员 2，传递过程中禁止口型模仿与发声；

D. 依次传递至最后一名队员，由他说出所理解的内容；

E. 与原内容意思最接近的团队过关，累计过关次数多的团队获胜。

④喜怒哀乐：

游戏时长：20~30 分钟。

游戏目标：借助表情传递与猜测，提升团队成员间的沟通效率，加深彼此了解。

游戏材料：写有不同表情词汇（如“怒火中烧”“神采飞扬”）的字条。

游戏规则：

A. 两个团队成员各自排成一列，全程保持向前望，不得回头；

B. 团队最后一位组员抽取表情字条，准备就绪后，通过肢体动作等无声方式将表情内容传递给前面一位组员；

C. 以此类推，直至传递至最前面一位组员；

D. 最前面的组员从主持人提供的答案表中选择答案，猜对的团队得分，累计得分高的团队获胜。

注意事项：建议从团队中推选活泼开朗、表现力强的组员担任首位传表情者，提升游戏效果。

⑤手舞足蹈：

游戏时长：10~15 分钟。

游戏目标：通过快速响应指令，锻炼团队成员的反应能力与身体协调性，增强团队竞争意识。

游戏规则：

A. 两个团队成员同时参与，统一听从主持人口令；

B. 出现动作错误或反应迟缓的成员即刻被淘汰；

C. 每轮游戏最后留存的队员所在团队获得积分，多轮游戏后，累计积分高的团队获胜。

口令示例："左手举起来啊右手举起来，左手放下去啊左脚抬起来，右手放下去啊左手举起来，左脚放下去啊右手举起来，右手放下去啊右脚放下去，左脚右手同时举起来，左手左脚同时放下去，右手放下去啊左脚举起来左手右手同时举起来，右手放下去啊左脚放下去……"

⑥正话反说：

游戏时长：10~15 分钟。

游戏目标：考验团队成员的思维敏捷度与语言组织能力，促进团队成员相互熟悉。

游戏规则：

A. 主持人先明确每轮出题的字数限制，如 4 个字以内；

B. 主持人说出一句话，如"我是好人"；

C. 两个团队成员依次接力，需在 5 秒内将句子反说，如"人好是我"；

D. 未能在规定时间内说出或反说错误的成员所在团队扣分，累计扣分少的团队获胜。

完成练习后你的感受：____

____

____

四、任务与实施

（一）工作任务导入

工作任务 1 企业运营流程认知

工作任务 2 ERP 沙盘模拟经营认知

工作任务 3 岗位职责与工作内容认知

工作任务 4 角色分工

工作任务 5 组织团建

(二) 工作任务思考

问题 1：结合图 1.4，思考企业运营的一般流程。

思考记录：______

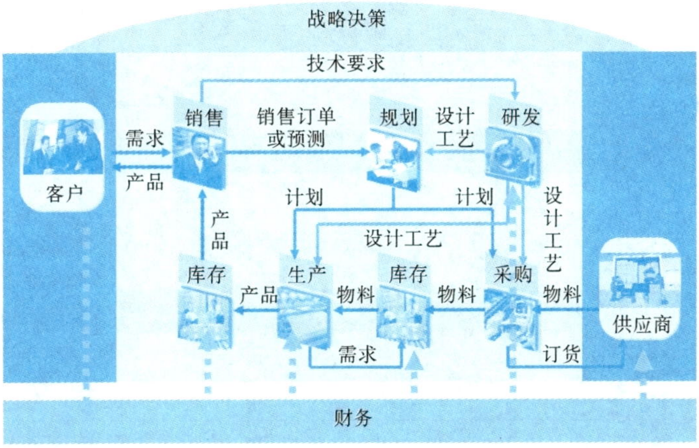

图 1.4　企业运营流程

问题 2：结合图 1.5，思考 ERP 沙盘模拟经营的主要内容、盘面各版块之间的关系？

思考记录：______

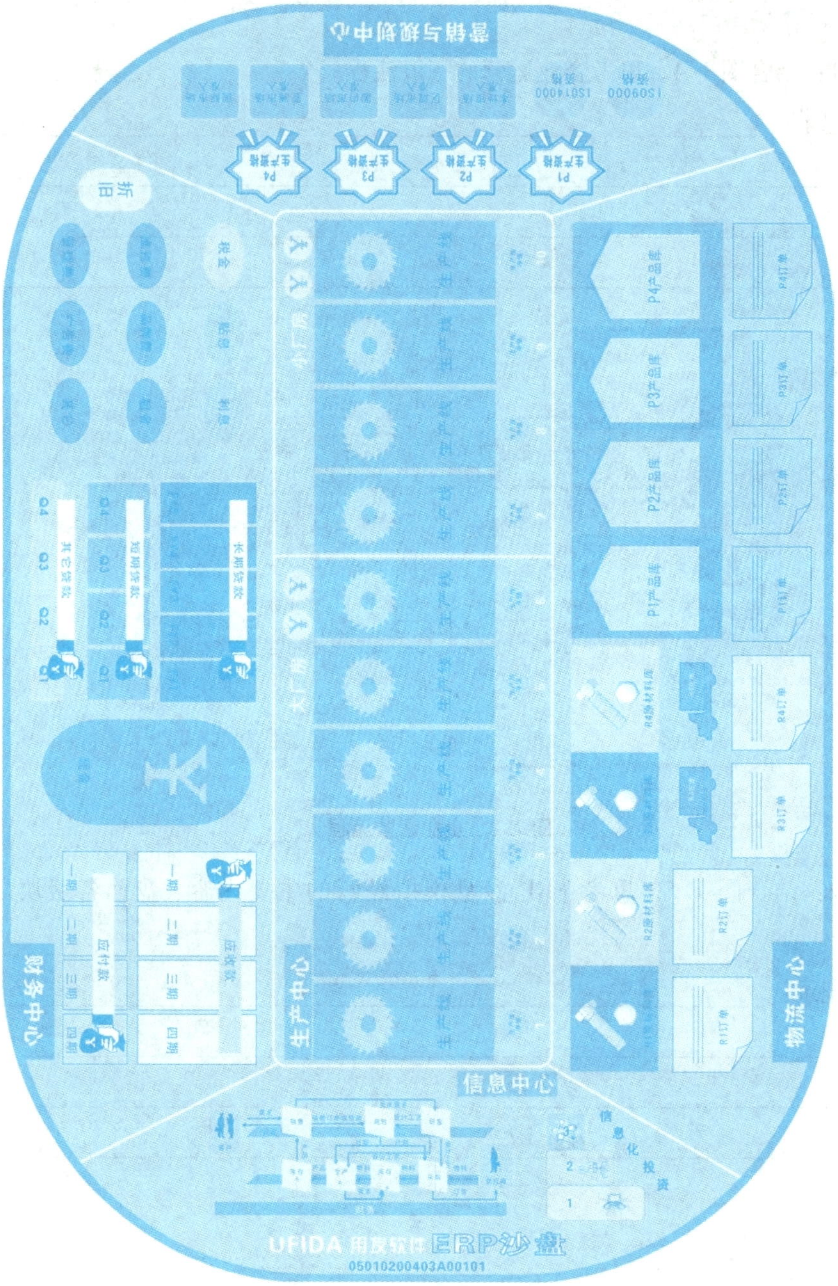
营销与规划中心
生产中心
信息中心
财务中心
物流中心
UFIDA 用友软件 ERP沙盘
05010200403A00101

图1.5 ERP手工沙盘

问题3：ERP 的发展趋势是什么?

思考记录：____

____

____

____

问题4：想一想，哪个工作岗位的计算工作量最大?

思考记录：____

____

____

____

问题5：想一想，自己最适合哪个岗位的工作?

思考记录：____

____

____

____

问题6：如果你是 CEO，会如何进行团队建设呢?

思考记录：____

____

____

____

(三) 工作任务实施

1. 工作任务1 企业运营流程认知

(1) 工作活动。

工作活动一：识读图 1.4 企业运营流程。

工作活动二：口头描述企业运营流程。

(2) 活动思考。

问题：企业经营活动的起点在哪儿?

(3) 活动实施。

企业运营流程认知活动实施见表 1.1。

表 1.1　企业运营流程认知活动实施

活动步骤	活动要求	检查与记录
步骤 1 识读图 1.4 中的箭线	注意观察箭线的走向	可在图中进行标注
步骤 2 找出图 1.4 中的物流、资金流和信息流	思考物流、资金流和信息流三流中最重要的是哪一个	可在图中进行标注
步骤 3 分析企业运营流程	注意把握经营的起点	可在“问题 1 思考记录”处填写
步骤 4 描述企业运营流程	注意语言表达的精准与简练	小组成员间进行讨论交流

2. 工作任务 2 ERP 沙盘模拟经营认知

（1）工作活动。

工作活动一：识读图 1.5 ERP 手工沙盘。

工作活动二：梳理 ERP 沙盘模拟经营的主要内容。

工作活动三：思考 ERP 沙盘盘面各版块之间的关系。

（2）活动思考。

问题：ERP 沙盘模拟经营应从何处入手，盘面各版块之间的关系是怎样的？

（3）活动实施。

ERP 沙盘模拟经营认知活动实施见表 1.2。

表 1.2　ERP 沙盘模拟经营认知活动实施

活动步骤	活动要求	检查与记录
步骤 1 识读图 1.5 沙盘盘面各版块内容	注意各版块的具体内容	可在“问题 2 思考记录”处填写
步骤 2 梳理 ERP 沙盘模拟经营的主要内容	思考 ERP 沙盘模拟经营的基本逻辑	可在“问题 2 思考记录”处填写
步骤 3 分析思考 ERP 沙盘盘面各版块之间的关系	结合前面所分析的企业运营流程	可在“问题 2 思考记录”处填写
步骤 4 描述 ERP 沙盘模拟经营基本逻辑和主要内容	注意语言表达的精准与简练	小组成员间进行讨论交流

3. 工作任务 3 岗位职责与工作内容认知

（1）工作活动。

工作活动一：认知各岗位职责与工作内容。

工作活动二：思考各岗位工作的关键点。

（2）活动思考。

问题：你以前了解过这几个岗位的工作吗？对哪个岗位的工作比较感兴趣？

（3）活动实施。

岗位职责与工作内容认知活动实施见表 1.3。

表 1.3　岗位职责与工作内容认知活动实施

活动步骤	活动要求	检查与记录
步骤 1 认真阅读教材知识准备中关于“组织机构与岗位角色”内容	注意思考各岗位工作的要点	用笔勾画重点内容
步骤 2 挑选一个自己最感兴趣的工作岗位	认真对比各岗位工作内容	可在“图 1.3 岗位角色位置”处填写
步骤 3 挑选一个自己最想做的工作岗位	认真对比各岗位工作内容	可在“图 1.3 岗位角色位置”处填写
步骤 4 对步骤 3 选出的岗位主要工作内容进行口头讲述	注意语言表达的准确与简练	小组成员间进行交流讨论

4. 工作任务 4 角色分工

（1）工作活动。

工作活动一：团队成员确定扮演的角色。

工作活动二：熟悉角色岗位工作职责与内容。

（2）活动思考。

问题：你觉得自己能胜任角色岗位的工作吗？

（3）活动实施。

角色分工活动实施见表 1.4。

表 1.4　角色分工活动实施

活动步骤	活动要求	检查与记录
步骤 1 团队成员分享说明自己想扮演的角色	注意思考各岗位工作的要点	用笔勾画重点内容
步骤 2 团队讨论角色分配	认真对比各岗位工作内容	可在“图 1.3 岗位角色位置”处填写

表1.4(续)

活动步骤	活动要求	检查与记录
步骤3 团队成员确定扮演的角色	认真对比各岗位工作内容	可在“图1.3 岗位角色位置”处填写
步骤4 团队成员熟悉扮演角色岗位的工作内容	注意语言表达的准确与简练	小组成员间进行交流讨论

5. 工作任务5 组织团建

（1）工作活动。

工作活动一：公司命名和CEO就职演说。

工作活动二：团队趣味热身拓展练习。

（2）活动思考。

问题1：团队成员集思广益，为自己经营的企业命名。

问题2：如果你是新上任的CEO，你将如何开启你的就职演说？

（3）活动实施。

组织团建活动实施见表1.5。

表1.5 组织团建活动实施

活动步骤	活动要求	检查与记录
步骤1 公司命名	团队成员共同讨论、集思广益	在知识准备“公司命名与CEO就职演说”处填写
步骤2 CEO就职演说	注意准确与简练表达	在知识准备“公司命名与CEO就职演说”处填写
步骤3 团队趣味热身拓展练习	选择喜欢的拓展练习项目，两个团队进行比赛	在知识准备“团队趣味热身拓展练习”处填写感受

五、学习自测与评价总结

（一）学习自测

在图1.6和图1.7处分别绘制关于制造企业运营流程和ERP沙盘模拟经营主要内容的思维导图。

图 1.6　制造企业运营流程思维导图

图 1.7　ERP 沙盘模拟经营主要内容思维导图

（二）总结评价

根据学习实践表现评分，评价打分见表 1.6。

表 1.6　评价打分表

评价指标	评价内容	分值	自评打分	互评打分	教师打分
学习能力	能够根据自己已有的知识经验，较准确地理解与工作任务相关的新知识	20			
思维能力	能够从不同的角度提出问题，并考虑解决问题的方法	10			
创新能力	在小组讨论中能够与他人交流自己的想法，在较充分论述可行性基础上做到标新立异	10			
表达能力	能够较准确地阐述工作任务和自己对相关问题的认识与观点	20			
小组协作能力	能够为小组提供信息，勇于质疑，提出方法，阐明观点	10			
实践操作能力	能够较准确地完成工作任务及活动内容	30			
总分		100			

根据各项任务完成情况、学习效果等撰写学习总结。

学习报告

____

____

____

____

____

____

____

____

第二篇

手工沙盘模拟经营

项目二　ERP 手工沙盘教学模拟经营

一、项目概述

本项目将学习 ERP 手工沙盘模拟经营规则，设定好模拟经营初始状态及完成教学年模拟经营，对教学年操作进行总结并做好自主经营准备。

二、学习目标

（一）素质目标

1. 培养全局思维。
2. 培养规范操作、勤奋实干的劳动习惯。
3. 培养自我管理、相互协作、勇于担责的专业素质。

（二）知识目标

1. 掌握 ERP 手工沙盘模拟经营规则。
2. 掌握 ERP 手工沙盘模拟经营的一般流程。
3. 掌握运营记录表和各种报表的填制方法。

（三）能力目标

1. 能完成基于自身角色的年度经营各项操作。
2. 能完成基于自身角色的各项数据的填写。

三、知识准备

（一）模拟企业基本情况调研

1. 企业经营现状

该企业是一个典型的离散制造型企业，创建已有 3 年，一直专注于某行业 P 系列产品的生产与经营。目前企业拥有一个自主大厂房，安装了 3 条手工生产线和 1 条半自动生产线，且运行状态良好。所有生产设备全部生产 P 产品，几年来一直只在本地市场进行销售，有一定的知名度，客户也很满意。

企业的财务情况主要从财务状况及经营成果两个方面来衡量，见表 2.1 企业经营利润表和表 2.2 企业经营资产负债表。

表 2.1　企业经营利润表

资产	符号	金额
销售收入	+	35
直接成本	-	12
毛利	=	23
综合费用	-	11
折旧前利润	=	12
折旧	-	5
支付利息前利润	=	7
财务收入/支出	+/-	4
额外收入/支出	+/-	0
税前利润	=	3
所得税	-	0
净利润	=	3

表 2.2　企业经营资产负债表

资产	符号	金额	负债+权益	符号	金额
现金	+	17	长期负债	+	40

表2.2(续)

资产	符号	金额	负债+权益	符号	金额
应收款	+	16	短期负债	+	0
在制品	+	8	应付款	+	0
成品	+	6	应交税	+	0
原料	+	3	一年到期的长贷	+	0
流动资产合计	=	49	**负债合计**	=	40
固定资产	符号	金额	权益	符号	金额
土地和建筑	+	40	股东资本	+	50
机器和设备	+	15	利润留存	+	11
在建工程	+	0	年度净利润	+	3
固定资产合计	=	55	**所有者权益合计**	=	64
总资产	=	104	**负债+权益**	=	104

2. 发展期望

公司董事会及全体股东决定将企业交给一批优秀的新人去发展，他们希望新的管理层能够把握时机、抓住机遇，并提出以下四点期望：

第一，投资新产品的开发，使公司的市场地位得到进一步提升；

第二，开发本地市场以外的其他新市场，进一步拓展市场区域；

第三，扩大生产规模，采用现代化生产手段，努力提高生产效率，全面带领企业进入快速发展阶段；

第四，增强企业凝聚力，形成鲜明的企业文化，加强团队建设，提高组织效率。

3. 市场需求预测

一家权威的市场调研机构对未来 6 年里各个市场的需求进行了预测，应该说这一预测具有很高的可信度。但是根据这一预测结果进行企业的经营运作，其后果将由各企业自行承担。

P1 产品由于技术水平低，虽然近几年需求较旺，但未来将会逐渐下降。P2 产品是 P1 的技术改进版，虽然技术优势会带来一定增长，但随着新技术出现，需求最终会下降。P3、P4 为全新技术产品，发展潜力较大，但不同市场的认同度不尽相同，需求量与价格差异也较大。图 2.1 至图 2.5 展示了 P 系列四个产品从第一年到第六年这六年间的需求量和价格变化情况，如图 2.1 中柱形图展示了 P1、P2、P3、P4 四种产品在本地市场中 1~6 年需求变化趋势，某些缺失的柱形条代表当年该市场该产品没有需求，折线图展示了四种产品在 1~6 年的价格走势。

根据图 2.1，本地市场将会持续发展，但对低端产品的需求可能下滑，伴随着需求的减少，低端产品的价格很有可能走低。后几年，随着高端产品的成熟，市场对 P3、P4 产品的需求将会逐渐增大。由于客户对质量意识的不断提高，后两年可能对产品的 ISO9000 和 ISO14000 认证有更多的要求。

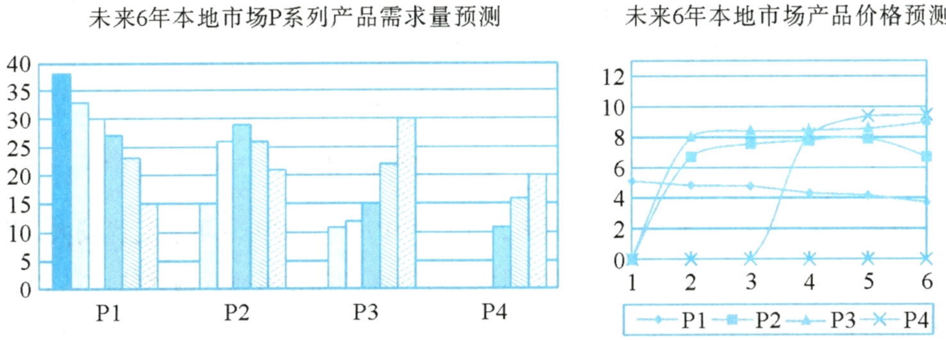

图 2.1　未来 6 年本地市场 P 系列产品需求和价格预测

根据图 2.2，区域市场的客户相对稳定，对 P 系列产品需求的变化可能相对平稳。因紧邻本地市场，所以产品需求量的走势可能与本地市场相似，价格趋势也大致一样。该市场容量有限，对高端产品的需求也可能相对较小，但客户对产品的 ISO9000 和 ISO14000认证有较高的要求。

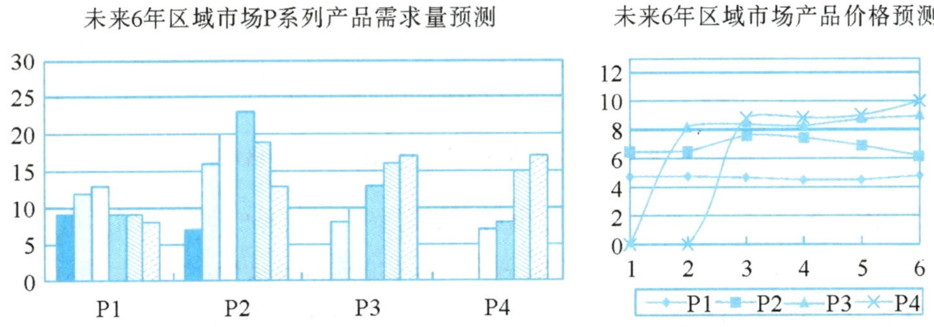

图 2.2　未来 6 年区域市场 P 系列产品需求和价格预测

根据图 2.3，由于 P1 产品具有较浓的地域色彩，估计国内市场对 P1 产品不会有持久的需求。但 P2 产品因更适合于国内市场，估计需求比较平稳。随着对 P 系列产品的逐渐认同，估计对 P3 产品的需求会增长较快，但对 P4 产品的需求就不一定像 P3 产品那样旺盛了。当然，对于高价值的产品来说，客户一定会更注重产品的质量认证。

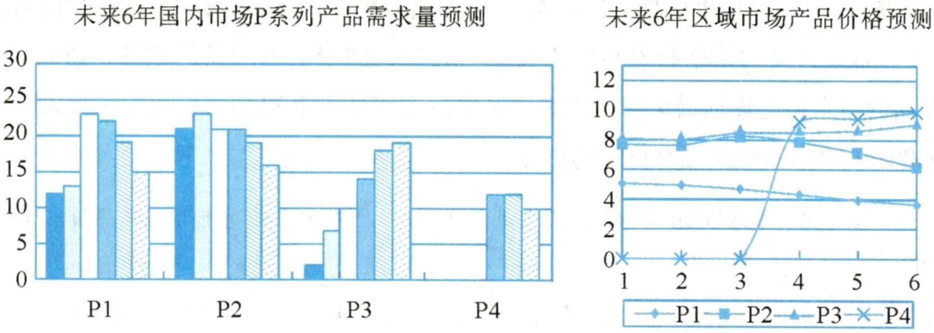

图 2.3　未来 6 年国内市场 P 系列产品需求和价格预测

根据图 2.4，亚洲市场一向波动较大，所以对 P1 产品的需求可能起伏较大，因此估计 P2 产品的需求走势也与 P1 相似。但该市场对新产品很敏感，因此估计对 P3、P4 产品的需求量会发展较快，价格也可能不菲。另外，这个市场的消费者很看重产品的质量，所以没有 ISO9000 和 ISO14000 认证的产品可能很难销售。

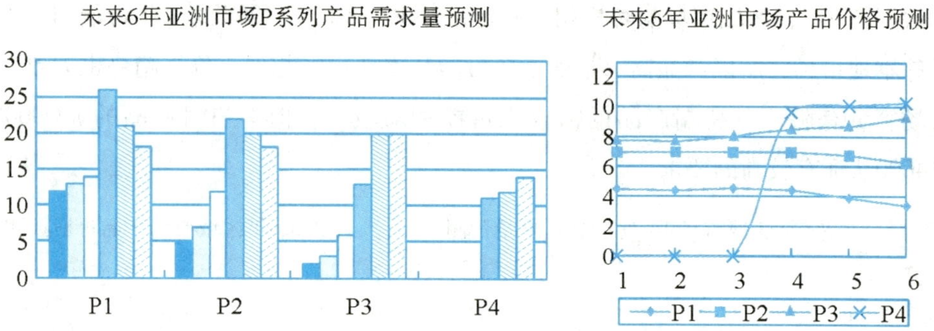

图 2.4　未来 6 年亚洲市场 P 系列产品需求和价格预测

根据图 2.5，P 系列产品进入国际市场可能需要一个较长的时期。国际市场对 P1 产品已经有所认同，但 P1 产品还需要一段时间才能被市场接受。同样，国际市场对 P2、P3 和 P4 产品也会很谨慎地接受，因此该系列产品需求发展较慢。当然，国际市场的客户也会关注具有 ISO 认证的产品。

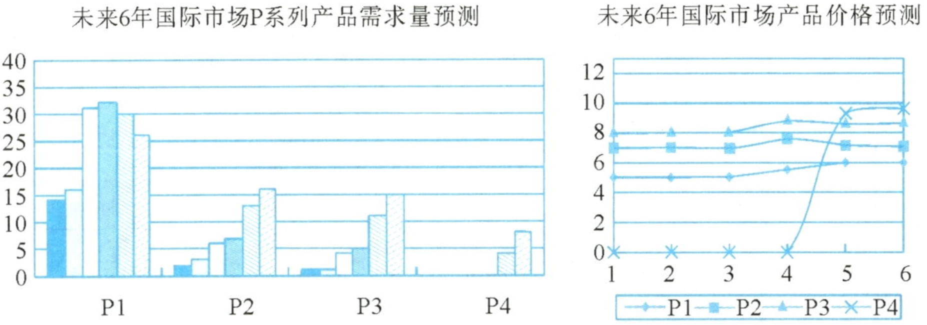

图 2.5　未来 6 年国际市场 P 系列产品需求和价格预测

（二）模拟经营规则

1. 市场开拓

通过测算，各市场开拓所需时间与投资额见表 2.3。

表 2.3　各市场投资时间与金额

市场	本地	区域	国内	亚洲	国际
完成时间	1 年	1 年	2 年	3 年	4 年
投资规则	1 M/年	1 M/年	1 M/年	1 M/年	1 M/年

企业可同时投资几个市场，但对每个市场的投资必须匀速进行，即每个市场每一年只能投入 1 M① 的市场开拓费用，投资总金额到位后，可获得市场准入资格；市场投资允许中断，后面可接续投资。

2. 广告竞单表

广告竞单表（见表 2.4）中所填写的广告费包括两个部分：产品广告和认证广告。

① 手工沙盘模拟经营中涉及的金额数字均是以 1 M（一百万）作为单位。

表 2.4 广告竞单表

产品	本地	区域	国内	亚洲	国际
P1					
P2					
P3					
P4					
ISO9000 认证					
ISO14000 认证					

（1）产品广告。

每投入 1 M 产品广告费，可以获得一次拿取订单的机会（不投产品广告则没有选单机会），一次机会允许取得一张订单（实际能否拿到订单与市场容量的大小、竞争状况的好坏密切相关）；如果要获得更多的拿单机会，则需要增加产品广告的投放，每多投入 2 M 的广告费则可增加一次选单机会，即投入 3 M 产品广告费有两次选单机会，投入 5 M 产品广告费有三次选单机会，以此类推。

（2）认证广告。

部分订单会对 ISO 有要求，如果要获得这样的订单，首先需要获得 ISO 认证资格证书，并且在当年的广告竞单表中填写认证广告费。认证广告费以市场为单位进行投放，每个市场的认证广告费只需要投放 1 M，一旦投放后，对该市场的所有产品均有效。如果希望获得标有“ISO9000”“ISO14000”的订单，就必须在广告竞单表中相应位置填写 1 M。

3. 订单选择与交货

（1）订单分析。

如图 2.6 所示，订单下端一般标注客户对产品的资质要求及特殊交货期。资质有 ISO9000 和 ISO14000 两种，企业必须取得相应的资格证书才能接收这类客户的订单。

第6年	亚洲市场	IP4-3/3
	产品数量：	3 P4
	产品单价：	12 M/个
	总 金 额：	36 M
	应收账期：	4 Q
ISO9000		加急！

注：Q 为季度 quarter 的缩写

图 2.6 订单样例

正常订单一般在年底前的任何一个季度均可交货，有加急要求的订单必须在一季度交货。如果不能按期交货，将受到延期处罚，当年扣除该订单总金额的 25%作为罚款，且该订单次年必须最先交货，如果次年仍然不能交货，客户有权无条件收回该订单。

（2）选单流程。

①各小组按时提交广告竞单表，由教师录入用友 ERP 手工沙盘表单系统。

②按照本地→区域→国内→亚洲→国际市场的顺序依次选单，每个市场均按照 P1、P2、P3、P4 的顺序，依次选单，选单结束后不允许再进行选单和更改。

③排定每个市场的选单顺序。

第一优先顺序：上年本市场销售额最高（即上一年本市场所有产品订单销售总额第一名，也称为“市场老大”，且未出现违约状况）优先；

第二优先顺序：本市场本产品广告额最高的优先；

第三优先顺序：本市场广告总额（包括 ISO 认证广告费）最高的优先；

第四优先顺序：本市场销售排名（上一年本市场所有产品订单销售总额排名）靠前的优先；

第五优先顺序：协商或抽签。

4. 厂房购置与出售

年底决定厂房是购买还是租赁。购买后将购买金额放在厂房价值处，厂房不计提折旧，出售厂房将获得 4 Q 的应收款。厂房各项数据见图 2.7。

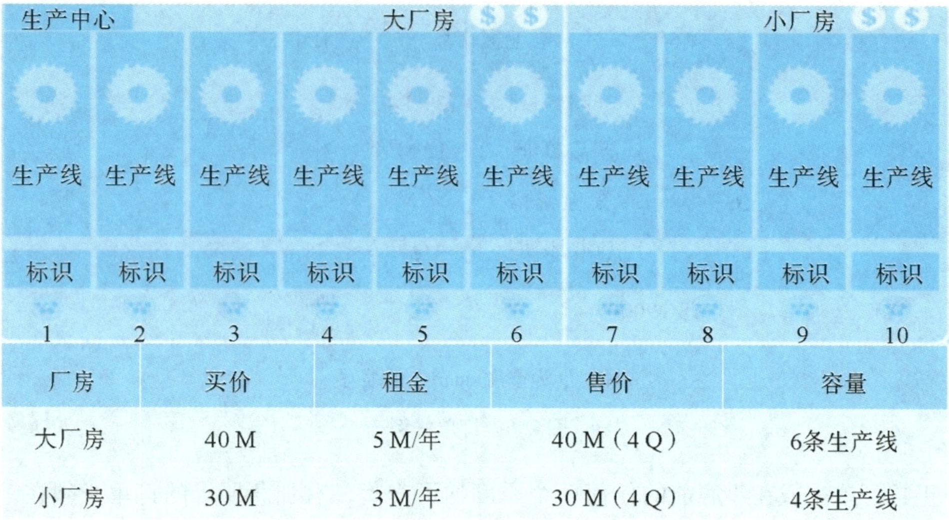

图 2.7　厂房各项数据

5. 生产线购置与出售

生产线各项数据见表 2.5。

表 2.5　生产线各项数据

生产线	购置费	安装周期	生产周期	转产周期	转产费用	维护费用	出售残值
手工线	5 M	无	3 Q	无	无	1 M/年	1 M
半自动	10 M	2 Q	2 Q	1 Q	1 M	1 M/年	2 M
全自动	15 M	3 Q	1 Q	1 Q	2 M	1 M/年	3 M
柔性线	20 M	4 Q	1Q	无	无	1 M/年	4 M

（1）生产线购置与安装。

投资新生产线时按安装周期平均支付资金，全部资金到位的下一个季度可开始生产，并确定生产何种产品，做好产品标识。在投资过程中可以中断投资，也可以在中断投资后的任意季度继续投资。生产线建好后，不允许搬迁移动。

（2）生产线生产与转产。

所有生产线都能生产各种产品，所需支付的加工费相同，都是 1 M/个。

有转产周期及费用的生产线在转而生产其他产品时需要一定的转产时间并支付转

产费用，最后一笔支付到期一个季度后方可更换生产的产品标识。

（3）生产线维护费。

生产线安装完成后，不论是否开工生产，都必须缴纳维护费，正在进行转产的生产线也必须缴纳维护费。

凡已出售的生产线和新购正在安装的生产线不缴纳维护费。

（4）生产线折旧

生产线折旧数据见表2.6。

表2.6　生产线折旧数据

生产线	购置费	残值	建成第1年的折旧额	建成第2年的折旧额	建成第3年的折旧额	建成第4年的折旧额	建成第5年的折旧额
手工	5 M	1 M	0	1 M	1 M	1 M	1 M
半自动	10 M	2 M	0	2 M	2 M	2 M	2 M
自动	15 M	4 M	0	3 M	3 M	3 M	3 M
柔性	20 M	4 M	0	4 M	4 M	4 M	4 M

生产线采用平均年限法计提折旧，当年新建成的生产线不提折旧，只剩残值后做报废处理或仍继续使用（可根据班级学生学情酌情处理，若继续使用，则保留残值、不用再提取折旧）。在提取折旧时从生产线净值中取出相应的折旧额，放在沙盘盘面“折旧”项目处，在利润表中进行计算。当年新建成的生产线不提折旧，从第二年开始计提折旧。

（5）生产线出售。

出售生产线时，将变卖的生产线的残值放入现金库。若出售时还有剩余的价值（即没有提完折旧），将净值与残值的差值计入综合费用表中的“其他费用”项目。

生产线安装与转产注意事项

6. 生产能力预测

从图 2.8 可以看出，在 1 年的时间里 1 条手工生产线最多能生产 2 个产品。如果换成半自动线、全自动线或柔性生产线，生产能力是怎样的？

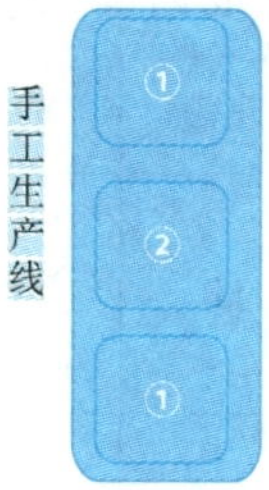

起始工序	生产完工数	结束工序
空	1	①
①	1	②
②	1	③
③	2	①

图 2.8　生产能力预测

7. 产品研发

企业可同时进行几种产品的研发，研发投资按季度平均支付，投资可以中断，全部投资完成后将获得产品生产资格证，并可以开始生产。研发投资费用计入综合费用。产品研发资金与时间见表 2.7。

表 2.7　产品研发资金与时间

产品	P1	P2	P3	P4
研发时间	2 Q	4 Q	6 Q	6 Q
研发投资	2 M	4 M	6 M	12 M

8. 原材料采购和产品生产

如图 2.9 和图 2.10 所示，用空桶表示原材料订货，将其放在相应的订单上，R1、R2 原材料下订单后一个季度将送到，R3、R4 原材料则需要两个季度，因此 R1、R2 原材料必须提前一个季度订购，R3、R4 则需要提前两个季度订购。

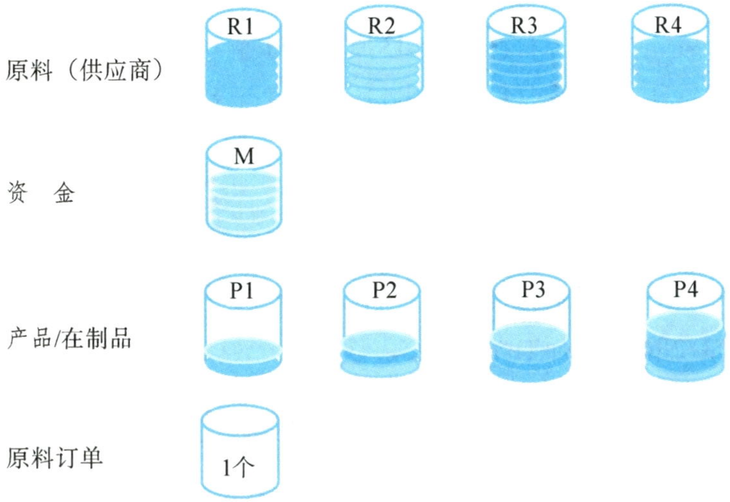

图 2.9　原料、资金、成品示意图

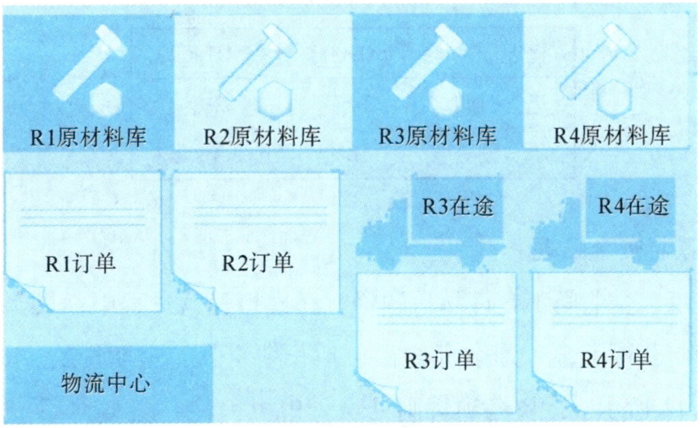

图 2.10　物流中心沙盘盘面

根据之前季度所下原材料订单，原材料送达后接收入库，以现金付款。

开始生产时按产品物料清单要求将原料放在生产线上并支付加工费，各条生产线生产产品的加工费均为 1 M/个。

各生产线不能同时生产两个产品，即待一个产品下线后才能上线生产下一个产品。

（1）产品生产物料清单。

1 个 P1 产品：1 个 R1 原材料

1 个 P2 产品：1 个 R2 原材料+1 个 R3 原材料

1 个 P3 产品：1 个 R1 原材料+1 个 R3 原材料+1 个 R4 原材料

1 个 P4 产品：1 个 R2 原材料+1 个 R3 原材料+2 个 R4 原材料

（2）具体生产条件。

P1＝R1+1 M 加工费

P2＝R2+R3+1 M 加工费

P3＝R1+R3+R4+1 M 加工费

P4＝R2+R3+2R4+1 M 加工费

9. 产品 ISO 认证

两项认证投资可同时进行并可中断，相应投资完成后获得 ISO 资格证，有了资格证才能投放认证广告。产品 ISO 认证投资计入当年综合费用。ISO 认证投资与时间见表 2.8。

表 2.8　ISO 认证投资与时间

管理体系	ISO9000	ISO14000
建立时间	2 年	2 年
所需投资	1 M/年	2 M/年

10. 融资贷款与资金贴现

企业尚未上市，企业间不允许私自融资。在模拟经营过程中，只允许向银行贷款，也可通过贴现操作获得资金，即融资途径包括长期贷款、短期贷款、其他贷款及应收款贴现，如图 2.11 所示。融资各项规则见表 2.9。

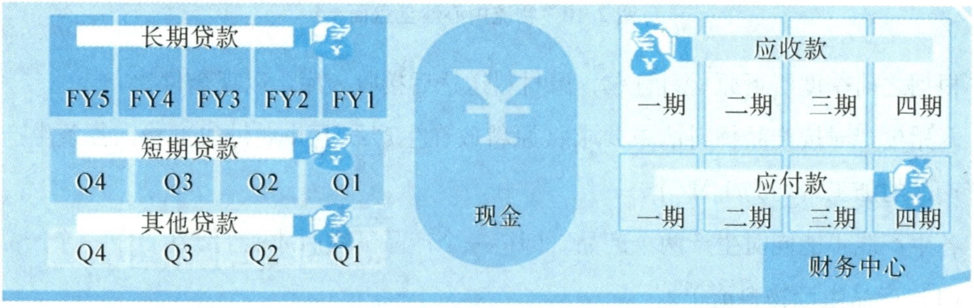

图 2.11　财务中心沙盘

表 2.9 融资各项数据

贷款类型	贷款时间	贷款额度	年息（贴息）	还款方式
长期贷款	每年年末	长、短期贷款总额为权益的 3 倍	10%	年初付息，到期还本
短期贷款	每季度初		5%	到期一次性还本付息
资金贴现	任何时间	视应收款额	1/10（1、2 季） 1/8（3 季、4 季）	变现时付贴息

（1）长期和短期贷款。

①长期和短期贷款额度。

长期贷款（长贷）和短期贷款（短贷）加总在一起的额度为贷款总额度，总额度是上一年所有者权益的 3 倍，即可以申请的贷款最高额度 = 上一年所有者权益×3−已贷总额；长贷和短贷分别按照 10 M、20 M 的倍数申请。

②长期和短期贷款时间点。

长期贷款可在每年末申请 1 次；短期贷款可在每季度初申请 1 次，共计 4 次。

③注意事项。

长期贷款期限为 5 年，每年年末支付利息，到期还本。短期贷款为一次性还本付息。

本利双清后，如果还有贷款额度，才允许重新申请贷款。要注意的是在申请新的贷款前，必须先归还到期的全部贷款，不能以新贷还旧账。

第 6 年经营结束年，不要求归还还没有到期的长短贷。

（2）其他贷款。

沙盘盘面上的其他贷款是指紧急贷款，紧急贷款可以随时申请，即在运行过程中任何时间都可以申请，也不受贷款额度的限制，使用期限为 1 年，操作规则同短期贷款，也是以 20 M 为基本贷款单位，到期一次性还本付息。但在第 6 年经营结束年时，要求归还全部紧急贷款。

（3）资金贴现。

若需提前使用应收款，可对应收款进行贴现处理。只要有足够的应收账款，就可以随时贴现。

若应收款处于沙盘盘面第 1、2 季度的位置，则按照 1：10 的比例计算贴现费用，即从应收款中提取 10 M 或 10 的整数倍的应收账款额度，将 9 M 或 9 的整数倍放入现金库，剩下的为贴现费用即贴息。若应收款处于沙盘盘面第 3、4 季度的位置，则按照 1∶8 的比例提取贴现费用，即从应收款中提取 8 M 或 8 的整数倍的应收账款额度，具体操作为将 7 M 或 7 的整数倍放入现金库，其余为贴现费用即贴息（贴息在计算时采用的是向上取整法，因此建议按照 10 M 或 8 M 的整数倍进行贴现）。

11. 综合费用与税金

综合费用包括行政管理费、市场开拓费、产品研发费、ISO 认证费、广告费、生产线转产费、设备维修费、厂房租金等。

如果企业经营盈利，需要按规定缴纳税金，每年所得税计入应付税金，在下一年初缴纳。所得税按照弥补往年亏空后的余额为基数进行计算，所得税税率为 25%，计算时采用“向下取整”。

①当上年权益≤66 时，税金=（上年权益+本年税前利润-66）×25%。

②当上年权益>66 时，税金=本年税前利润×25%。

注：66 为教学年末的所有者权益。

12. 破产规则

当所有者权益小于零（资不抵债）和现金流断流时则为破产。在模拟经营过程中，破产企业可通过申请紧急贷款的方式继续经营。

（三）模拟经营初始状态设定

1. 生产中心初始设定

生产中心初始设定见图 2. 12。

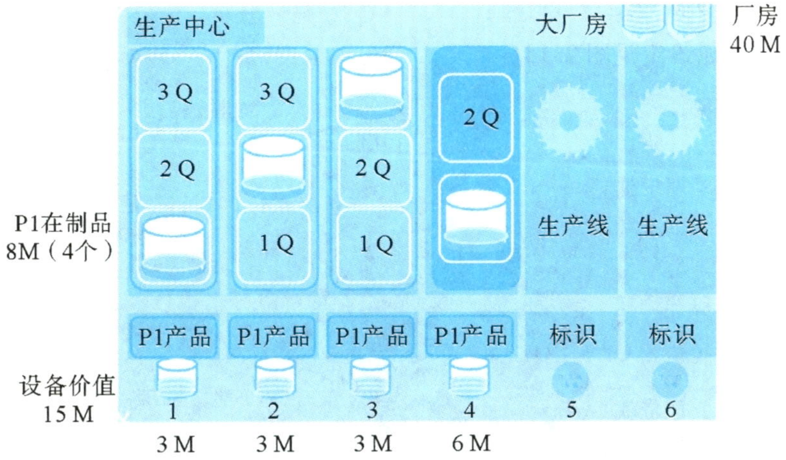

图 2.12　生产中心初始设定

2. 物流中心初始设定

物流中心初始设定见图 2.13。

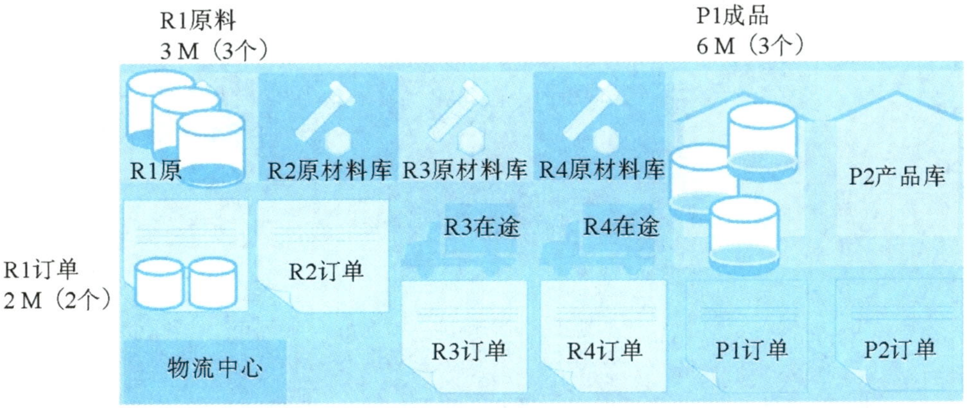

图 2.13　物流中心初始设定

3. 财务中心初始设定

财务中心初始设定见图 2.14。

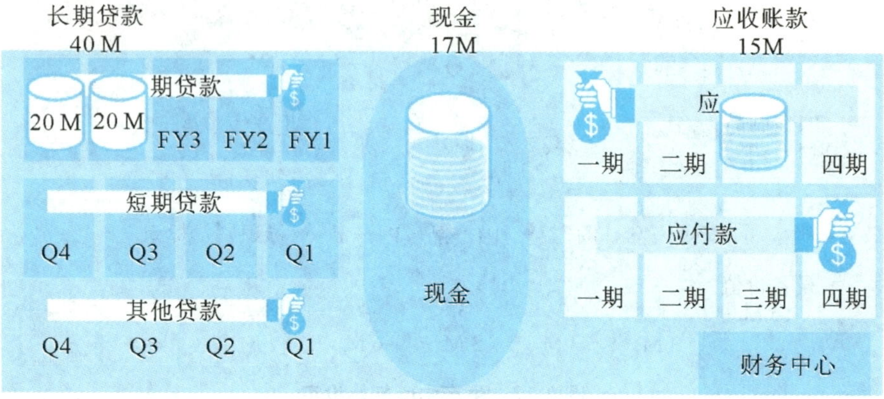

图 2.14　财务中心初始设定

4. 营销与规划中心初始设定

营销与规划中心初始设定见图 2.15。

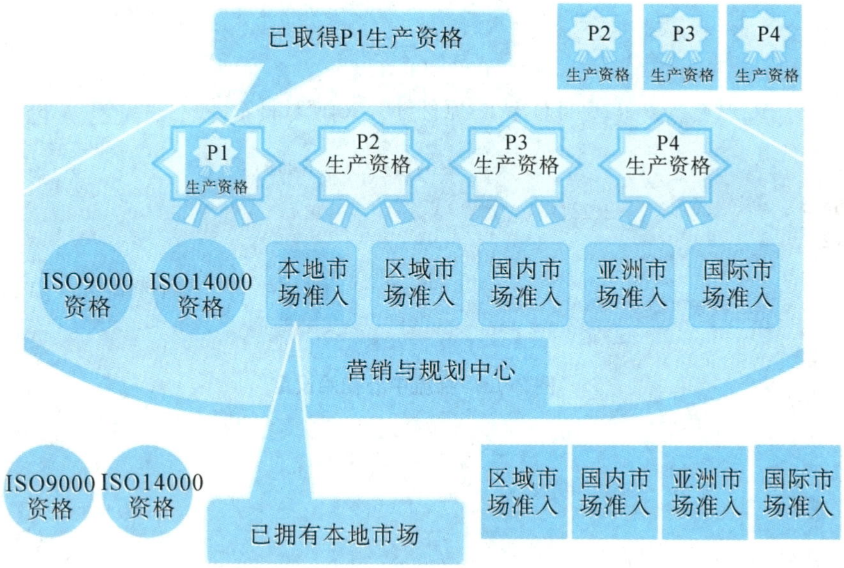

图 2.15　营销与规划中心初始设定

5. 初始年财务状况及经营成果

初始年利润表见表 2.10，资产负债表见表 2.11。

表 2.10　初始年利润表

资产	符号	金额
销售收入	+	35
直接成本	-	12
毛利	=	23
综合费用	-	11
折旧前利润	=	12
折旧	-	5
支付利息前利润	=	7
财务收入/支出	+/-	4
额外收入/支出	+/-	0
税前利润	=	3
所得税	-	0
净利润	=	3

表 2.11　初始年资产负债表

资产	符号	金额	负债+权益	符号	金额
现金	+	17	长期负债	+	40
应收款	+	16	短期负债	+	0
在制品	+	8	应付款	+	0
成品	+	6	应交税	+	0
原料	+	3	一年到期的长贷	+	0
流动资产合计	=	49	**负债合计**	=	40
固定资产	符号	金额	权益	符号	金额
土地和建筑	+	40	股东资本	+	50
机器和设备	+	15	利润留存	+	11
在建工程	+	0	年度净利润	+	3

表2.11(续)

资产	符号	金额	负债+权益	符号	金额
固定资产合计	=	55	**所有者权益合计**	=	64
总资产	=	104	**负债+权益**	=	104

（四）教学年运行

1. 教学年运行说明

（1）不借长期贷款、短期贷款；

（2）不研发新产品，不开拓新市场，不做 ISO 认证；

（3）不卖大厂房，不购买新厂房，不投资新的生产线；

（4）在本地市场为 P1 产品投放 1 M 广告费；

（5）每个季度订购 1 个 R1 原料；

（6）生产持续进行；

（7）应收账款不贴现。

2. 企业运营流程

（1）主要内容。

企业的实际运营过程比较复杂，模拟经营将简化该过程。模拟经营操作主要包括以下 7 项内容：

①参加订货会，填制“广告竞单表”（见表 2.12），取得销售订单；

②确定教学年客户订单（见图 2.16），将订单填入订单登记表（见表 2.13）；

③编制现金预算表（见表 2.14）；

④按照企业运营流程（记录）表（见表 2.15）的顺序进行操作（如果经营过程中存在组间交易，需要填写教学年组间交易明细表，见表 2.16）；

⑤填制产品核算统计表（见表 2.17）；

⑥填写综合管理费用明细表（见表 2.18）；

⑦编制财务报表，填写利润表（表见 2.19）和资产负债表（见表 2.20）。

表 2.12　广告竞单表

第________年广告竞单表（第________组）

产品	本地	区域	国内	亚洲	国际
P1					
P2					
P3					
P4					
ISO9000 认证					
ISO14000 认证					

客户订单

第0年　本地市场　LP0-1/1

产品数量：　6P1

产品单价：　5.3M/个

总 金 额 ：　32M

应收账期：　2Q

图 2.16　教学年客户订单

表 2.13　订单登记表

订单号					合计
市场					
产品					
数量					
账期					
销售额					
成本					
毛利					

表2. 13(续)

订单号					合计
罚款					

注：销售额、成本、毛利三项数据在交货时填写。

表 2. 14　现金预算表

项目	1	2	3	4
期初库存现金				
支付上年应交税				
市场广告投入				
贴现费用				
支付短期贷款利息				
支付到期短期贷款				
原料采购支付现金				
转产费用				
生产线投资				
支付加工费				
产品研发投资				
收到现金前的所有支出				
应收款到期				
支付管理费用				
支付长期贷款利息				
支付到期长期贷款				
设备维护费用				
租金				
购买新建筑				
市场开拓投资				
ISO 认证投资				
其他				
库存现金余额				

表 2.15　企业运营流程（记录）表

操作顺序	请按顺序执行下列各项操作。每执行完一项操作，在对应的方格内画“√”或“×”，并在涉及现金收支的方格内填写现金收支的具体数额。				
年初	新年度规划会议				
	参加订货会/支付广告费/登记销售订单				
	制订新年度计划				
	支付应付税				
1	季初现金盘点（请填余额）				
2	更新短期贷款/还本付息/申请短期贷款（紧急贷款）				
3	更新应付款/归还应付款				
4	原材料入库/更新原料订单				
5	下原料订单				
6	更新生产/完工入库				
7	投资新生产线/变卖生产线/生产线转产				
8	向其他企业购买原材料/出售原材料				
9	开始下一批生产				
10	更新应收款/应收款收现				
11	出售厂房				
12	向其他企业购买成品/出售成品				
13	按订单交货				
14	产品研发投资				
15	支付行政管理费				
16	其他现金收支情况登记				
17	现金收入合计				
18	现金支出合计				

表2.15(续)

操作顺序	请按顺序执行下列各项操作。每执行完一项操作，在对应的方格内画“√”或“×”，并在涉及现金收支的方格内填写现金收支的具体数额。				
年末	支付利息/更新长期贷款/申请长期贷款				
	支付设备维护费				
	支付租金/购买厂房				
	计提折旧				
	新市场开拓/ISO 资格认证投资				
	结账				
19	期末现金对账（请填余额）				

表 2.16　组间交易明细表

时间		买入			卖出		
年	季度	产品	数量	金额	产品	数量	金额

表 2.17　产品核算统计表

类别	P1	P2	P3	P4	合计
数量					
销售额					
成本					
毛利					

表 2.18　综合管理费用明细表

项目	金额	备注
管理费		
广告费		
维修费		
租金		

表2.18(续)

项目	金额	备注
转产费		
市场准入		□区域　□国内　□亚洲　□国际
ISO 资格认证		□ISO9000　□ISO14000
产品研发		P2　(　)　P3　(　)　P4　(　)
其他		
合计		

表 2.19　利润表

项目	计算关系	上年数	本年数
销售收入	+		
直接成本	-		
毛利	=		
综合费用	-		
折旧前利润	=		
折旧	-		
支付利息前利润	=		
财务收入/支出	+/-		
额外收入/支出	+/-		
税前利润	=		
所得税	-		
净利润	=		

表 2.20　资产负债表

资产	计算关系	期初数	期末数	负债+权益	计算关系	期初数	期末数
流动资产:				负债:			
现金	+			长期负债	+		
应收款	+			短期负债	+		

表2.20(续)

资产	计算关系	期初数	期末数	负债+权益	计算关系	期初数	期末数
在制品	+			应付款	+		
成品	+			应交税	+		
原料	+				+		
流动资产合计	=			负债合计	=		
固定资产:				所有者权益:			
土地和建筑	+			股东资本	+		
机器设备	+			利润留存	+		
在建工程	+			年度净利	+		
固定资产合计	=			所有者权益	=		
总资产	=			负债+权益	=		

（2）企业运营流程表。

企业运营流程表是企业模拟经营活动开展的指南，包括两项内容：一是企业经营过程中必须完成的各项工作，二是在完成各项工作时需要遵循的先后顺序。

①企业运营流程中，按照时间顺序分为年初的 4 项工作、按季度执行的 19 项工作和年末的 6 项工作，具体见表 2.21 至表 2.23。

②运营流程表自上而下、从左到右填写。

③由总经理主持执行运营流程，团队成员各司其职、有条不紊，每执行完一项任务，总经理就在后面的方格中打钩（“√”）作为完成标志。

④分角色在企业运营流程表中填制相应内容：财务总监（包括财务助理）要在对应方格中登记现金收支情况（现金收入记“+”也可省略，现金支出记“-”）；生产总监在对应方格填写在制品上下线情况；采购总监在对应方格填写原材料出入库情况；营销总监在对应方格填写产成品出库情况。

⑤企业运营流程表各项目的解释说明，如表 2.21 至表 2.23 所示。

表 2.21　年初 4 项操作

序号	操作项目	操作说明
1	新年度规划会议	①需要进行销售预算和可承诺交货量的计算； ②销售预算是对本年度要完成的销售目标进行预测，包括销售数量、单价和销售收入； ③可承诺交货量是计算企业的可接单量，接单量主要取决于现有库存和生产能力
2	参加订货会/支付广告费/登记销售订单	①营销总监填写“广告竞单表”参加订货会，按照市场地位、广告投放额、市场需求等条件分配客户订单； ②财务总监（助理）将广告费放置在沙盘对应位置并在流程表中进行记录； ③营销总监将每张订单的订单号、所属市场、所订产品、产品数量、订单销售额、应收账期在“订单登记表”中进行登记
3	制订新年度计划	明确当年的销售任务后，以销售为依据并结合企业未来发展，编制生产计划、采购计划、设备投资计划等，并进行相应的资金预算，注意“产供销”的有机结合
4	支付应付税	财务总监（助理）依法纳税，根据上一年度利润表中所得税数值将相应的现金放置在沙盘“税金”处，并在流程表中进行登记

表 2.22　每个季度 19 项操作

序号	操作项目	操作说明
1	季初现金盘点（请填余额）	财务总监（助理）对当前现金库的现金进行盘点，并在经营记录表中记录具体的金额
2	更新短期贷款/还本付息/申请短期贷款	①财务总监检查短期贷款是否到期，若到期则“利随本清”一起支付，如 20 M 短贷到期，则由财务总监从现金库中取出 21 M（本金 20 M，利息 = 20 M×5% = 1 M），20 M 归还银行（拿到沙盘外），1 M 放入沙盘“利息”处，并做好记录；尚未到期的短贷则将空桶向现金库方向移动一格。 ②根据贷款额度和资金需求，考虑是否要申请短贷
3	更新应付款/归还应付款	根据经营规则，原材料入库都是现金结算，因此经营过程中一般没有应付款
4	原材料入库/更新原料订单	采购总监将原料订单区的空桶向原材料库方向推进一格，当到达原料库时，向财务总监申请原料款，换取相应的原材料，并在记录表中登记入库原料数量；财务总监做好现金支出记录
5	下原料订单	采购总监根据年初制订的采购计划，决定采购原材料种类及数量，用空桶表示，每个空桶可代表一个或一批原材料（具体种类及数量可写小纸条放入）

表2.22(续)

序号	操作项目	操作说明
6	更新生产/完工入库	生产总监将各条生产线上的在制品向上推进一格，产品下线代表完工可直接放入对应的产成品库，并在记录表中登记入库的产品种类及数量
7	投资新生产线/变卖生产线/生产线转产	①投资新设备时，生产总监将新生产线标识牌翻转放置于大厂房或小厂房相应位置（生产线一旦建设完成不得在各厂房间随意移动），其上放置与该生产线安装周期相同的空桶数，每个季度向财务总监申请建设资金（每期建设资金=设备总购置费÷安装周期），投资可中断，完成全部投资后的下一季度，翻转生产线标识牌（正面朝上），可以投入使用；财务总监做好现金支出记录。 ②当生产线在制品完工后，可以决定是否变卖生产线；生产线按净值出售，财务主管将生产线残值转为现金，若生产线净值与残值有差额，则将差额计入“其他费用”，财务总监做好现金收支记录。 ③生产线转产是指将生产线转而生产其他产品（不同类型生产线转产所需的调整时间及资金投入是不同的），如果需要转产且该生产线需要一定的转产周期及转产费用，生产总监应翻转生产线标识牌（背面朝上），暂时停产，按季度向财务总监申请资金并支付转产费用，当满足转产时间要求并支付全部的转产费用后，再次翻转生产线标识牌（正面朝上），更改生产的产品标识，开始新的生产；财务总监同时做好现金收支记录
8	向其他企业购买原材料/出售原材料	①生产产品时，原材料库中必须备有足够的原料，否则停工待料。 ②缺少原材料并来不及采购时，采购总监可以考虑向其他企业购买；如果按原料价值购入，则购买方视同“原材料入库”处理，出售方采购总监取出原材料，收取现金；如果高于原料价值购入，购买方将差额（购买支付现金-原料价值）计入利润表中的“其他支出”，出售方将差额计入利润表中的“其他收入”。 ③财务总监做好现金收支记录，双方采购总监登记原材料出入库数量
9	开始下一批生产	①当生产线在制品已经完工，可以考虑开始生产新产品，生产总监按照产品生产物料清单向采购总监申请原材料、向财务总监申请加工费，全部放置在空桶中成为在制品，并将在制品摆放到离原料库最近的生产周期。 ②生产总监登记在制品数量，采购总监登记出库的原材料数量
10	更新应收款/应收款收现	①财务总监将应收款向现金库方向推进一格，到达现金库时即成为现金，并做好现金收支记录。 ②有资金需求但无贷款额度的情况下，可以考虑应收款贴现，应收款贴现可随时进行（财务总监按8或10的倍数取出应收账款，其中的1/8或1/10为贴现费用，剩余的则放入现金库，财务总监做好现金收支记录
11	出售厂房	资金不足时可以出售厂房，厂房按购买价值出售，但收到的是4个账期的应收账款。

表2.22(续)

序号	操作项目	操作说明
12	向其他企业购买成品/出售成品	①当不能足量交付订单时，可以考虑向其他企业购买产品。 ②如果以成本价购买，买卖双方正常处理交易；如果高于成本价购买，购买方将差价（购买支付现金-产品成本）计入“其他费用”，出售方则将差价计入“销售收入”。 ③双方财务总监做好现金收支记录，双方销售总监登记出入库产品数量，并填写“组间交易明细表”
13	按订单交货	①营销总监检查各成品库中的产成品数量是否满足订单需求，满足则按照订单数量交付产品（必须按订单整单交货）。 ②交货后营销总监在“订单登记表”中登记这一批产品的成本，并登记出库产品数量。 ③交货后企业将收到与订单相符的货款，若为0账期，财务总监直接将现金放入现金库并做好记录，若为应收账款，财务总监则将应收账款置于相应账期处
14	产品研发投资	按照年初制订的产品研发计划，生产总监向财务总监申请研发资金，置于产品生产资格位置，财务总监做好现金收支记录
15	支付行政管理费	①行政管理费用是企业为了维持正常运营所发放的管理人员工资、差旅费等。 ②财务总监取出1 M放置在“管理费”处，并做好现金收支记录
16	其他现金收支情况登记	其他一些引起现金流动的项目，包括应收账款贴现、未交付订单罚款等，可以直接记录在此项
17	现金收入合计	财务总监统计本季度现金收入总额
18	现金支出合计	财务总监统计本季度现金支出总额
19	期末现金对账	财务总监盘点现金余额，做好登记

表2.23　年末6项操作

序号	操作项目	操作说明
1	支付利息/更新长期贷款/申请长期贷款	①长期贷款需要每年付息、到期还本；若当年未到期，只需支付利息，每桶（20 M）需要支付的利息是20 M×10%=2 M的利息，财务总监取出2 M放置在盘面“利息”处；若当年到期，则需同时归还本金和利息；财务总监做好现金收支记录。 ②在更新长期贷款时，财务总监需将表示贷款金额的空桶向现金库方向移动一格，当移动到现金库时，表示长期贷款到期。 ③长期贷款只有在年末可以申请
2	支付设备维护费	每条生产线需要支付1 M的设备维护费，生产总监向财务总监申请费用，财务总监取出相应现金置于沙盘上的“维修费”处，财务总监做好现金收支记录

表2.23(续)

序号	操作项目	操作说明
3	支付租金/购买厂房	①如果本年在小厂房中安装了生产线，此时就需要决定是购买厂房还是租用厂房。 ②如果购买厂房，财务总监取出与厂房价值相等的现金置于沙盘上的“厂房价值”处；如果租赁厂房，财务总监就取出与厂房租金相等的现金置于沙盘的“租金”处。财务总监做好现金收支记录
4	计提折旧	生产线按平均年限法计提折旧，在建工程及当年新建生产线不提折旧（厂房不提折旧）；财务总监从生产线净值中取出折旧费放置于沙盘“折旧”处
5	新市场开拓/ISO 资格认证投资	①营销总监向财务总监申请市场开拓费，财务总监取出现金放置在要开拓的市场区域，财务总监做好现金支出记录；市场开发完成后，可将市场准入标识牌放到对应位置。 ②营销总监向财务总监申请 ISO 认证费，财务总监取出现金放置在认证项目上，财务总监做好现金支出记录；认证完成，放置 ISO 资格证标识到对应位置
6	结账	①财务总监需要编制产品核算统计表、综合管理费用明细表、利润表、资产负债表。 ②产品核算统计表：根据订单登记表和组间交易明细表进行产品核算统计，提供分产品的销售数据。 综合管理费用表：综合管理费用包括广告费、行政管理费、维修费、转产费、租金、市场开拓、ISO 资格认证、产品研发、其他费用 9 项；对费用的细分有助于了解企业的成本构成，为寻求降低成本的空间提供依据。 利润表和资产负债表：每年年末应对企业本年的财务状况及经营成果进行核算统计，按时上报“资产负债表”和“利润表”；如果企业经营盈利，要按规定上缴税金，每年所得税计入应付税金，在下一年初缴纳

四、任务与实施

（一）工作任务导入

工作任务 1 设定模拟经营初始状态

工作任务 2 教学年标准化经营

（二）工作任务思考

问题 1：

①总经理作答：通过教学年模拟经营，你是否清楚运营流程表中各项数据的填写方法？

思考记录：

②各位总监作答：作为财务（或生产、采购、营销总监），你是否清楚运营流程表中哪些数据是由你来填写？

思考记录：

问题2：产品广告与ISO认证广告投放有什么区别？

思考记录：

问题3：你最看好哪个市场，哪个产品？请简单描述理由。

思考记录：

问题4：你认为最难记忆与理解的是哪些经营规则？有什么好的记忆和理解方法吗？

思考记录：

（三）工作任务实施

1. 工作任务 1 设定模拟经营初始状态

（1）工作活动。

工作活动一：生产中心初始状态设定。

工作活动二：物流中心初始状态设定。

工作活动三：财务中心初始状态设定。

工作活动四：营销与规划中心初始状态设定。

工作活动五：财务状况及经营成果初始状态设定。

（2）活动思考。

问题：根据填写的资产负债表，你能确定它是第几年年末的报表吗？

（3）活动实施。

设定模拟经营初始状态活动实施见表 2.24。

表 2.24 设定模拟经营初始状态活动实施

活动步骤	活动要求	检查与记录
步骤 1 设置好厂房和生产线	1. 将 40 M 放置在大厂房价值处，在大厂房内从左到右依次安装 3 条手工线和 1 条半自动线，净值分别为 3 M、3 M、3 M、6 M； 2. 4 条生产线上均有在制品 P1，从左到右分别处于 1 Q、2 Q、3 Q、1 Q 位置	1. 各条生产线在制品的位置是否准确； 2. 各条生产线的净值是否准确
步骤 2 放置好原材料和产成品，下原材料订单	1. 原材料库有 3 个 R1 原材料； 2. 产品库里有 3 个 P1 产品； 3. 订购 2 个 R1 原材料	P1 设置是否规范
步骤 3 设置好现金、长期贷款、应收账款	1. 在现金库中设置 17 M 的现金； 2. 设置 40 M 的长期贷款，其中 20 M 处于 FY5 的位置，另外 20 M 处于 FY4 的位置； 3. 设置 15 M 的应收账款，处于三期的位置	1. 点清楚现金数量； 2. 长贷和应收账的位置是否准确
步骤 4 摆放好生产资格和市场准入标识牌	1. 在 P1 生产资格处摆放标识牌； 2. 在本地市场准入处摆放标识牌	摆放是否正确

表2.24(续)

活动步骤	活动要求	检查与记录
步骤 5 认知企业当前财务状况及经营成果	1. 利润表认知，掌握“净利润”的计算方法； 2. 资产负债表认知，掌握“利润留存”的计算方法，理解资产、负债和所有者权益之间的关系	能否准确计算净利润、资产、负债、所有者权益等数据
步骤 6 各项活动操作回顾	回顾各项活动操作涉及的运营规则；总结各项活动操作中的易错点	做好记录，并完成“学习自测与评价总结”部分练习

初始设定完成后的沙盘盘面如图 2.17 所示。

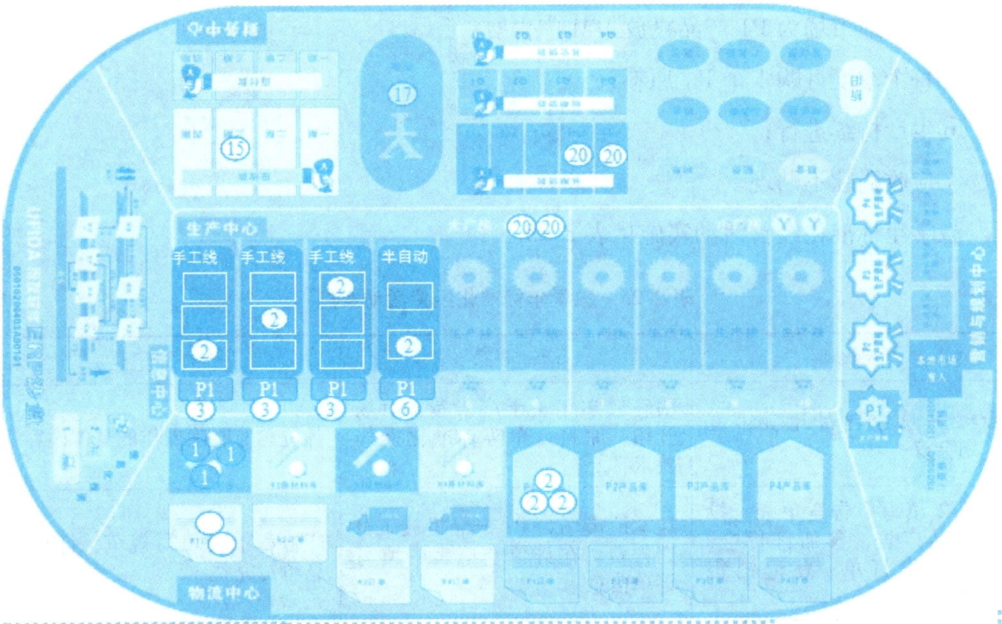

厂房区：大厂房　价值40M
生产线：4条　价值15M

成品库：3P1　价值6M
生产线：4P1　价值8M

原料库：3R1　价值3M
现金区：价值17M

应收款：15M
长债：4Y20M　5Y20M

图 2.17　初始设定完成后的沙盘盘面

2. 工作任务 2 教学年标准化经营

(1) 工作活动。

工作活动一：年初 4 项操作。

工作活动二：4 个季度经营。

工作活动三：年末 6 项操作。

工作活动四：编制产品核算统计表、综合管理费用明细表、利润表、资产负债表。

（2）活动思考。

问题：模拟经营过程中总经理如何进行管理，各位总监之间如何实现更好的配合？

（3）活动实施。

教学年运营方案：

①不借长期贷款、短期贷款；

②不研发新产品，不开拓新市场，不做 ISO 认证；

③不卖大厂房，不购买新厂房，不投资新的生产线；

④在本地市场为 P1 产品投放 1 M 广告费；

⑤每个季度订购 1 个 R1 原料；

⑥生产持续进行；

⑦应收账款不贴现。

教学年标准化经营活动实施见表 2. 25。

表 2. 25　教学年标准化经营活动实施

活动步骤	活动要求	检查与记录
步骤 1 总经理召开新年度规划会议	明确教学年关于广告费、市场开拓、原料订单等标准化操作要求	各位总监明确操作的具体内容
步骤 2 填写广告竞单表，投放产品广告，参加订货会，争取销售订单，登记销售订单	在本地市场为 P1 产品投放 1 M 广告费，在订单登记表中填写订单信息	广告竞单表填写规范，订单信息填写完整
步骤 3 制订新年度计划	总经理带领团队制订新年度计划	各位总监都要有自己的工作计划，并进行口头分享
步骤 4 支付应付税	无	无
步骤 5 第 1 季度经营	严格按照运营流程表从上到下完成各项操作，各位总监在表格中做好各项登记工作	财务总监数字填写是否规范，生产总监是否登记好生产各项数据，采购总监是否登记好原料数据，营销总监是否登记好产品销售数据，季初现金盘点一定要实际清点现金数量

表2.25(续)

活动步骤	活动要求	检查与记录
步骤6 第2季度经营	严格按照运营流程表从上到下完成各项操作，各位总监在表格中做好各项登记工作	财务总监数字填写是否规范，生产总监是否登记好生产各项数据，采购总监是否登记好原料数据，营销总监是否登记好产品销售数据，季初现金盘点一定要实际清点现金数量
步骤7 第3季度经营	严格按照运营流程表从上到下完成各项操作，各位总监在表格中做好各项登记工作	财务总监数字填写是否规范，生产总监是否登记好生产各项数据，采购总监是否登记好原料数据，营销总监是否登记好产品销售数据，季初现金盘点一定要实际清点现金数量
步骤8 第4季度经营	严格按照运营流程表从上到下完成各项操作，各位总监在表格中做好各项登记工作	财务总监数字填写是否规范，生产总监是否登记好生产各项数据，采购总监是否登记好原料数据，营销总监是否登记好产品销售数据，季初现金盘点一定要实际清点现金数量
步骤9 支付利息、更新长期贷款	财务总监按照规则支付利息，并将空桶往前推一格	利息计算是否准确
步骤10 支付设备维护费	生产总监计算好设备维护费，由财务总监统一支付并做好记录	维护费计算是否准确
步骤11 支付租金、购买厂房	无	无
步骤12 计提折旧	生产线按平均年限法计提折旧	折旧是从生产线净值中提取，运营流程表现金合计时不要将其算入
步骤13 新市场开拓、ISO资格认证投资	无	无
步骤14 结账	财务总监带领团队编制产品核算统计表、综合管理费用明细表、利润表、资产负债表	团队各成员共同参与综合管理费用明细表、利润表、资产负债表的编制工作，并将这三个表的数据录入课程表单套件系统
步骤15 教学年模拟经营操作回顾	回顾各项活动操作涉及的运营规则，总结操作中的易错点	综合费用表各项数据核算是否准确，利润表中各项数据计算方法是否掌握，资产负债表中能否做平； 完成“学习自测与评价总结”部分练习

教学年广告竞单见表 2. 26。

表 2. 26　教学年广告竞单表

第____年广告竞单表（第____组）

产品	本地	区域	国内	亚洲	国际
P1					
P2					
P3					
P4					
ISO9000 认证					
ISO14000 认证					

教学年订单登记见表 2. 27。

表 2. 27　教学年订单登记表

订单号											合计
市场											
产品											
数量											
账期											
销售额											
成本											
毛利											
罚款											

注：教学年订单见图 2. 16。

教学年现金预算见表 2. 28。

表 2. 28　教学年现金预算表

项目	1	2	3	4
期初库存现金				

表2.28(续)

项目	1	2	3	4
支付上年应交税				
市场广告投入				
贴现费用				
支付短期贷款利息				
支付到期短期贷款				
原料采购支付现金				
转产费用				
生产线投资				
支付加工费				
产品研发投资				
收到现金前的所有支出				
应收款到期				
支付管理费用				
支付长期贷款利息				
支付到期长期贷款				
设备维护费用				
租金				
购买新建筑				
市场开拓投资				
ISO 认证投资				
其他				
库存现金余额				

教学年企业运营记录见表 2. 29。

表 2. 29 教学年企业运营记录表

操作顺序	请按顺序执行下列各项操作。每执行完一项操作，在对应的方格内画“√”或“×”，并在涉及现金收支的方格内填写现金收支的具体数额。				
年初	新年度规划会议				
	参加订货会/支付广告费/登记销售订单				
	制订新年度计划				
	支付应付税款				
1	季初现金盘点（请填余额）				
2	更新短期贷款/还本付息/申请短期贷款（紧急贷款）				
3	更新应付款/归还应付款				
4	原材料入库/更新原料订单				
5	下原料订单				
6	更新生产/完工入库				
7	投资新生产线/变卖生产线/生产线转产				
8	向其他企业购买原材料/出售原材料				
9	开始下一批生产				
10	更新应收款/应收款收现				
11	出售厂房				
12	向其他企业购买成品/出售成品				
13	按订单交货				
14	产品研发投资				
15	支付行政管理费				
16	其他现金收支情况登记				
17	现金收入合计				
18	现金支出合计				

表2.29(续)

操作顺序	请按顺序执行下列各项操作。每执行完一项操作，在对应的方格内画“√”或“×”，并在涉及现金收支的方格内填写现金收支的具体数额。				
年末	支付利息/更新长期贷款/申请长期贷款				
	支付设备维护费				
	支付租金/购买厂房				
	计提折旧				
	新市场开拓/ISO 资格认证投资				
	结账				
19	期末现金对账（请填余额）				

教学年企业运营记录表填写范例见表 2. 30。

表 2. 30　教学年企业运营记录表（填写范例）

操作顺序	请按顺序执行下列各项操作。每执行完一项操作，在对应的方格内画“√”或“×”，并在涉及现金收支的方格内填写现金收支的具体数额。				
年初	新年度规划会议	√			
	参加订货会/支付广告费/登记销售订单	-1			
	制订新年度计划	√			
	支付应付税款	0			
1	季初现金盘点（请填余额）	16	12	8	20
2	更新短期贷款/还本付息/申请短期贷款（紧急贷款）	×	×	×	×
3	更新应付款/归还应付款	×	×	×	×
4	原材料入库/更新原料订单	-2	-1	-1	-1
5	下原料订单	√	√	√	√
6	更新生产/完工入库	√	√	√	√
7	投资新生产线/变卖生产线/生产线转产	×	×	×	×
8	向其他企业购买原材料/出售原材料	×	×	×	×
9	开始下一批生产	-1	-2	-1	-2
10	更新应收款/应收款收现	√	√	15	32
11	出售厂房	×	×	×	×

表2.30(续)

操作顺序	请按顺序执行下列各项操作。每执行完一项操作，在对应的方格内画“√”或“×”，并在涉及现金收支的方格内填写现金收支的具体数额。				
12	向其他企业购买成品/出售成品	×	×	×	×
13	按订单交货	×	√	×	×
14	产品研发投资	×	×	×	×
15	支付行政管理费	-1	-1	-1	-1
16	其他现金收支情况登记	×	×	×	×
17	现金收入合计	0	0	15	32
18	现金支出合计	-4	-4	-3	-4
年末	支付利息/更新长期贷款/申请长期贷款				-4
	支付设备维护费				-4
	支付租金/购买厂房				×
	计提折旧				(5)
	新市场开拓/ISO 资格认证投资				×
	结账				√
19	期末现金对账（请填余额）	12	8	20	40

组间交易明细见表 2.31。

表 2.31　教学年组间交易明细表

时间		买入			卖出		
年	季度	产品	数量	金额	产品	数量	金额

产品核算统计见表 2.32。

表 2.32　教学年产品核算统计表

类别	P1	P2	P3	P4	合计
数量					

表2.32(续)

类别	P1	P2	P3	P4	合计
销售额					
成本					
毛利					

教学年综合管理费用明细见表2.33。

表2.33　教学年综合管理费用明细表

项目	金额	备注
管理费		
广告费		
维修费		
租金		
转产费		
市场准入		□区域　□国内　□亚洲　□国际
ISO资格认证		□ISO9000　□ISO14000
产品研发		P2（　）　P3（　）　P4（　）
其他		
合计		

教学年利润表见表2.34。

表2.34　教学年利润表

项目	计算关系	上年数	本年数
销售收入	+		
直接成本	-		
毛利	=		
综合费用	-		
折旧前利润	=		
折旧	-		

表2. 34(续)

项目	计算关系	上年数	本年数
支付利息前利润	=		
财务收入/支出	+/-		
额外收入/支出	+/-		
税前利润	=		
所得税	-		
净利润	=		

教学年资产负债表见表 2. 35。

表 2. 35 教学年资产负债表

资产	计算关系	期初数	期末数	负债+权益	计算关系	期初数	期末数
流动资产:				负债:			
现金	+			长期负债	+		
应收款	+			短期负债	+		
在制品	+			应付款	+		
成品	+			应交税	+		
原料	+				+		
流动资产合计	=			负债合计	=		
固定资产:				所有者权益:			
土地和建筑	+			股东资本	+		
机器设备	+			利润留存	+		
在建工程	+			年度净利	+		
固定资产合计	=			所有者权益	=		
总资产	=			负债+权益	=		

教学年经营结束，其年末的沙盘盘面如图 2.18 所示。

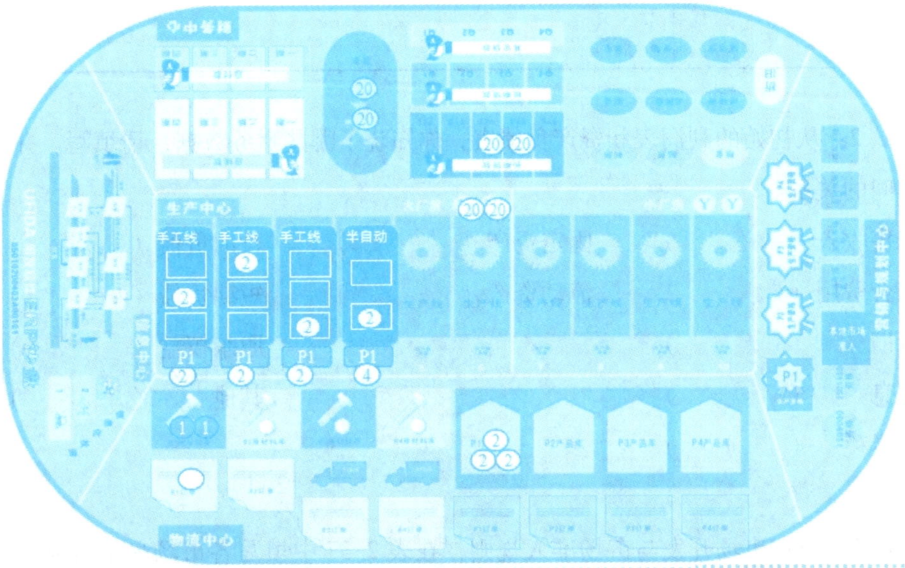

厂房区：大厂房 价值40M
生产线：4条 价值10M

成品库：3P1 价值6M
生产线：4P1 价值8M

原料库：2R1 价值2M
现金区：价值40M

应收款：0M
长贷：3Y20M 4Y20M

图 2.18　教学年年末的沙盘盘面

五、学习自测与评价总结

（一）学习自测

测试 1：试着把你了解的企业基本情况反映在表 2.36 中。

表 2.36　企业基本情况调查表

企业名称			注：已创建　　年
所属行业			
目前产品		未来的产品	
目前市场		未来的市场	
主要客户		客户满意度	
生产设施及运行状况		未来的设备投资方向	

表2. 36(续)

股东期望	1. 2. 3.

测试 2：从初始的利润表和资产负债表，你知晓了哪些财务数据，请填写。并思考数据之间的关系。

销售收入（　　　）　固定资产（　　　）　长期负债（　　　）
综合费用（　　　）　流动资产（　　　）　短期负债（　　　）
折旧　　（　　　）　　　　　　　　　　　股东权益（　　　）
利息　　（　　　）　　　　　　　　　　　其他　　（　　　）
所得税　（　　　）
利润　　（　　　）

测试 3：根据市场开发与市场准入规则，在表 2. 37 中填写各市场最早可能实现销售的起始时间。

表 2. 37　各市场准入的最早时间

经营年度	1	2	3	4	5
本地					
区域					
国内					
亚洲					
国际					

测试 4：请标注图 2. 19 中 P 系列产品的 BOM 结构。

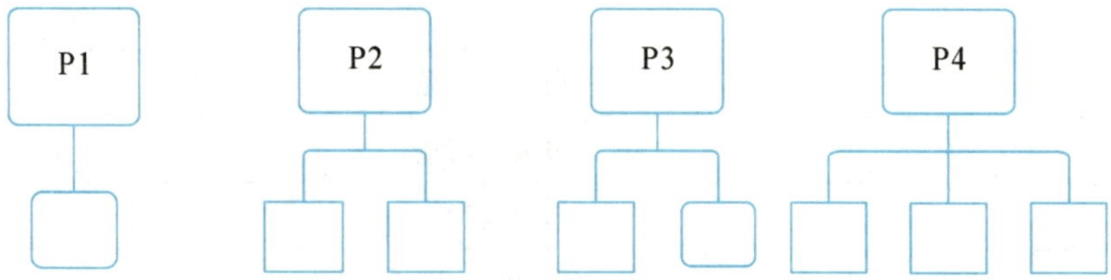

图 2. 19　P 系列产品 BOM 结构

测试 5：根据各种生产线的特点在图 2.20 中将四种类型生产线标注出来。

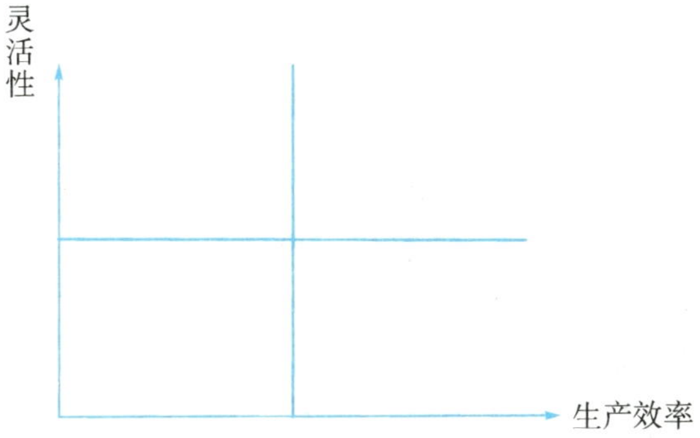

图 2.20　不同类型生产线特点

测试 6：一条半自动线一年最多能生产几个产品？全自动线和柔性线呢？

回答记录：____

____

测试 7：如果本年内第二季度需要上线 2 个 P3，1 个 P4，第三季度需要上线 1 个 P2，1 个 P4，在不考虑库存的情况下，请你制订采购计划并填写在表 2.38 中。

表 2.38　采购计划

时间	上年第 3 季度	上年第 4 季度	本年第 1 季度	本年第 2 季度	本年第 3 季度
R1					
R2					
R3					
R4					

（二）总结评价

请根据小组模拟经营表现完成表 2.39 评分。

表 2.39　评价打分表

评价指标	评价内容	分值	自评打分	互评打分	教师打分
学习能力	能够通过自己已有的知识经验，较准确理解与工作相关的新知识	20			

表2.39(续)

评价指标	评价内容	分值	自评打分	互评打分	教师打分
思维能力	能够从不同的角度提出问题，并考虑解决问题的方法	10			
创新能力	在小组讨论中能够与他人交流自己的想法，在较充分论述可行性基础上做到标新立异	10			
表达能力	能够较准确阐述工作任务和自己对相关问题的认识与观点	20			
小组协作能力	能够为小组提供信息，质疑，提出方法，阐明观点	10			
实践操作能力	能够较准确完成工作任务及活动内容	30			
总分		100			

根据各项任务完成情况、学习效果等撰写学习总结。

学习报告

项目三　ERP 手工沙盘自主经营

一、项目概述

各经营团队将开展为期 6 年的企业模拟自主经营，经营结束后根据所有者权益、企业综合发展潜力系数、经营过程中的扣分项综合评定模拟经营成绩。

二、学习目标

（一）素质目标

1. 培养系统思维和战略决策能力。
2. 培养团队协作、不惧困难、细致耐心、勇于创新的专业素质。

（二）知识目标

1. 严格按照运营规则完成 6 年自主经营。
2. 能制订科学合理的经营战略、生产计划、采购计划、营销计划等。
3. 初步掌握现金预算方法。
4. 能准确填制综合费用表、利润表、资产负债表。

（三）能力目标

1. 准确完成基于自身角色的年度经营的各项操作。
2. 准确完成基于自身角色的各项数据的填写。

三、知识准备

（一）ERP 手工沙盘模拟经营评分规则

企业模拟经营成绩（手工沙盘）= 结束年所有者权益×［1+（企业综合发展潜力系数-扣分）÷100］

1. 企业综合发展潜力系数计算

表 3.1 企业综合发展潜力系数计算项目

序号	项目	计分标准	说明
1	大厂房	+15	至少产出 1 件产品
2	小厂房	+10	至少产出 1 件产品
3	手工生产线	+5/条	至少产出 1 件产品；1 条加 5 分，累计算
4	半自动生产线	+10/条	至少产出 1 件产品；1 条加 10 分，累计算
5	全自动/柔性生产线	+15/条	至少产出 1 件产品；1 条加 15 分，累计算
6	区域市场开发	+10	已完成开发
7	国内市场开发	+15	已完成开发
8	亚洲市场开发	+20	已完成开发
9	国际市场开发	+25	已完成开发
10	ISO9000	+10	已完成开发
11	ISO14000	+10	已完成开发
12	P2 产品开发	+10	已完成开发
13	P3 产品开发	+10	已完成开发
14	P4 产品开发	+15	已完成开发
15	本地市场地位	+15	结束年市场第一
16	区域市场地位	+15	结束年市场第一
17	国内市场地位	+15	结束年市场第一
18	亚洲市场地位	+15	结束年市场第一
19	国际市场地位	+15	结束年市场第一

2. 模拟经营过程中，将对存在以下事项的企业进行扣分处理（见表 3.2）。

表 3.2　模拟经营扣分项目

序号	项目	扣分标准	说明
1	不按规则操作	−5	出现一次扣 5 分，进行累计
2	广告竞单表提交延迟	−2	每 3 分钟扣 2 分，进行累计
3	报表提交延迟	−2	每 3 分钟扣 2 分，进行累计
4	紧急贷款	−2	每借 20 M 扣 2 分，进行累计

（二）战略规划

1. 企业一般战略规划

（1）企业战略层次。

企业战略分为三个层次，即公司战略、业务战略和职能战略。

①公司战略又称总体战略，是企业最高层次的战略，它主要关注两个问题：第一，公司经营什么业务；第二，公司总部应如何管理多个业务单位来创造企业价值。

②业务战略又称经营战略，它主要关注企业如何通过经营各种业务获取竞争优势。

③职能战略通常是短期的、局部的，因而称为“策略”，主要包括市场营销策略、财务管理策略、人力资源开发与管理策略、研究与开发策略、生产制造策略等。

（2）企业战略管理。

企业战略管理是指企业战略的分析与制定、评价与选择及实施与控制，使企业能够达到其战略目标的动态管理过程。

（3）企业环境分析。

企业环境分析包括企业宏观环境分析、企业行业竞争环境分析、企业内部条件分析。

①企业的宏观环境分析主要包括政治环境、法律环境、经济环境、科技环境、社会环境和文化环境六个方面。

②企业行业竞争环境分析包括行业的主要经济特性分析、行业吸引力分析、行业变革的驱动因素分析、行业竞争的结构分析、行业竞争对手选择与分析、行业市场集中度与市场细分分析。

③企业内部条件分析应关注以下问题：企业目前的战略运行效果、企业面临的资

源强势和弱势、企业价值链分析、企业核心能力分析、企业产品竞争力及市场营销状况分析、企业经济效益状况分析、企业面临的战略问题分析。

在对企业的内外环境进行了详细的分析之后，需要为其选择合适的竞争战略，SWOT分析法就是最常用的工具之一。SWOT分析法最早是由美国旧金山大学的管理学教授海因茨·韦里克（Heinz Weihrich）在20世纪80年代提出来的，他将企业的各种主要内部优势因素（strengths）、劣势因素（weaknesses）、机会因素（opportunities）和威胁因素（threats），通过调查和筛选罗列出来，并依照一定的次序按照矩阵形式排列起来，然后把各种因素相互匹配起来加以分析，从中得出一系列相应的结论。

（4）公司发展战略。

公司的发展战略有三大类，分别是密集型发展战略、企业一体化战略和企业多元化战略。

①密集型发展战略又称“集约型发展战略”，是指企业为了获得较好的利润，在原有的经营范围内，充分利用企业在产品市场方面的优势，扩大产品或劳务的销售额或市场占有率的一种战略。其基本形式有市场渗透、市场开发和产品开发三种。

市场渗透是指企业生产的老产品在老市场上进一步渗透，扩大销量；市场开发是指用老产品去开发新市场；产品开发是指用改进老产品或开发新产品的方法来增加企业在老市场上的销售额。

②企业一体化战略是指企业通过资产纽带或契约的方式，与业务输入端或输出端的企业联合，或是与和自己相同的企业联合，形成一个统一的经济组织，从而达到降低费用及其他成本，提高经济效益的战略。其中，一体化战略又分为后向一体化战略、前向一体化战略和水平一体化战略。

后向一体化是沿着与企业当前业务的输入端有关的活动向上延伸，如制造企业通过控制或合并原材料、零部件供应企业实现产供一体化。前向一体化是沿着与企业当前业务的输出端有关的活动向下延伸，如制造企业通过向前控制分销系统（批发商、零售商等）实现产销结合。水平一体化即开展与企业当前业务相竞争或相补充的活动，如一家大零售商合并若干小零售店开办连锁商店。

③企业多元化战略是指一个企业同时在两个以上的行业从事生产经营活动，或者同时生产或提供两种以上基本经济用途不同的产品和服务的战略。如果公司所在行业的发展潜力已有限，而其他领域存在着很好的发展机会，或者公司所在领域虽有潜力

可挖，但公司还有足够的资源进入新领域，企业可选择多元化发展战略。多元化战略又分为同心多元化、横向多元化、混合多元化等。

同心多元化战略是指企业以现有技术、资源或市场为核心，进入与主业相关的新领域，强调不同业务间的协同效应。横向多元化战略是企业向同一产业链层级或同一客户群体推出新产品，满足其多样化需求，但产品间未必有技术关联。混合多元化战略是企业进入与现有业务无技术、市场关联的全新领域，通常为分散风险或追求高增长。

（5）目标管理。

目标管理是这样一种程序或过程：它使企业的上级与下级一起商定企业的共同目标，并由此决定上下级的责任和分目标，同时把这些目标作为经营、评估和奖励每个单位和个人贡献的标准。目标管理的步骤如下：

①建立目标体系。将总目标分解为企业各内部单位的具体目标，形成目标体系。各项目标必须具体化、定量化，各目标间应相互协调，既要具有挑战性，又要符合现实情况。

②企业内各级在制定目标时要经过充分磋商，并取得一致意见。简单地汇总下级目标并不是目标管理，而是放弃领导；将预定的目标视为不可改变的，强迫下级接受的也不是目标管理。

③在目标确定的基础上，上级应授予下级实现目标所必需的各种权力。

④定期检查，发现与目标相偏离时，上级应进行指导和帮助。

⑤目标的达成情况要及时反馈，进行考核，并和奖惩制度挂钩。

2. ERP 沙盘模拟中的战略规划

企业沙盘模拟经营的成败，很大程度上与企业的战略规划的好坏密切相关。规划，从某种程度上来说，就是让自己的团队知道自己要做什么、什么时候做、怎样做、做或不做对企业有什么影响。

在实际工作中，战略规划涉及的面很宽，但对于企业沙盘模拟经营而言，它主要包括市场和 ISO 认证开发规划、生产线购买或出售规划、产品开发规划、产品生产规划等内容，为了提高规划的直观性，可以自行设计企业战略规划表来指导自己的工作。例如，通过企业战略规划表，就可以明确企业在某年某个季度需要开展的工作。

战略规划从时间上划分，包括中长期规划和短期规划。中长期规划一般在五年以上，短期规划一般为一年。沙盘经营应当重视短期规划，因为短期规划更具体，也更接近实际。短期战略规划应当在每年年初进行。

迈克尔·波特《竞争战略》精华阅读

（三）市场开发规划

进行市场开发规划首先要明确以下问题：①企业为什么要进行市场开发？②应当开发哪些市场？③什么时候开发？④市场开发得越多对企业就越有利吗？接下来就来探讨一下企业在开发市场时应当考虑哪些因素。

首先，要研究每个市场的销售特点及发展趋势。不同的市场在不同的阶段，其产品需求量和价格是不一样的。为此，应当研究不同市场对不同产品的需求量和价格水平，并比较相同年份相同产品在不同市场的情况，从而确定企业在不同年份应当进入的市场，以及企业的重点市场。

其次，要估计竞争对手可能进入的市场，避强趋弱。在市场上，随时都面临激烈的竞争。为此，企业应当根据对手的产品开发、市场开发等情况分析对手可能重点开发的市场，在市场开发上要尽可能占先机，避开竞争激烈的市场。当然，竞争的激烈程度也是相对而言的，如果本企业的产品丰富，企业可以通过丰富的产品占领市场，争得市场老大，抢占先机。

再次，要考虑本企业的产品策略，确定企业的目标市场。对于不同的产品，在不同的阶段、不同的市场，其价格和市场需求量是不同的。为此，在制定本企业的市场开发战略时，应当结合企业的产品战略进行考虑。比如，企业重点生产的产品是 P4，如果 P4 产品的需求量主要集中在区域、国内和亚洲市场，国际市场需要量很小，那么，企业就应当回避国际市场，重点占领区域、国内和亚洲市场。

最后，要考虑本企业的资金情况，量力而行。对于一个企业来说，总是希望市场越多越好。但是，开发市场是需要投资的，如果开发了市场，而该市场又没有发挥应有的作用，则这个开发就是失败的。市场开发要考虑企业的资金情况，不仅仅是本年的资金情况，还应当考虑投入市场开发可能对本年的资金影响，对本年净利润的影响，而净利润又影响所有者权益，而所有者权益又会影响下一年的贷款额度等各个方面，因此要慎重考虑。

（四）ISO 认证开发规划

ISO 认证包括 ISO9000 和 ISO14000 认证，通过开发 ISO 认证，企业可以取得符合 ISO 认证要求的产品订单。但一般而言，ISO 认证条件只在部分市场有要求。所以，企业是否开发 ISO 认证，需要结合企业的市场情况来定。企业在进行 ISO 认证开发规划时，应主要考虑资金情况、企业的目标市场和开发时间三个方面的问题。

（五）生产线投资规划

企业要增加利润，就必须增加利润高的产品的销售量，而销售量的增加必然涉及产品的生产，而生产又必然涉及用什么生产线生产的问题。所以，生产线投资属于生产的问题，生产线包括手工、半自动、全自动和柔性生产四种，每种生产线的安装周期、安装费用、转产周期和转产费用各不相同，这就涉及企业应当购买什么生产线、购买多少、什么时候购买的问题。企业在生产线投资时，应当考虑以下三个方面的问题：

第一，企业的资金情况。企业在进行购买生产线决策时，首先应当考虑的是企业的资金情况。这里的资金情况不仅仅是当期的资金情况，还包括后期资金的投入情况。因为购买安装生产线是分期投入的，而且生产线完工投入产品生产时，还涉及购买原材料和支付加工费等支出，因此，企业在购买生产线时应当考虑购买生产线对当期及以后各期的影响，防止资金紧张而中止投资和资金紧张导致完工后出现停工的情况。为了保证企业的资金不出现问题，最好的方式就是编制现金预算，而且现金预算最好是两年以上的滚动预算。

第二，产品开发完工的时间。企业在购买生产线时，应当测算生产线的完工时间。企业在生产线安装完工的当期就能投入产品的生产才是最佳的方案。如果新建生产线是用于生产新开发的产品，则要做到生产线安装完工的时间与新产品开发完成的时间相一致，否则就会出现生产线空置或滞后，造成浪费。这就要求企业在建设生产线时，首先明确该生产线完工后生产什么产品，然后确定生产线的建设时间。当然，为了使生产线完工后当期能投入产品的生产，还应当做好原材料的采购准备工作。

第三，是否转产。企业的生产线包括四种，每种生产线的转产期和转产费是不同的。如果企业不准备转产，则应尽可能考虑使用全自动生产线，如果企业预计生产线需要转产或者为了竞争的需要而要转产，在资金允许的情况下，则应考虑一至两条柔性生产线。当然，如果已经到了经营的后期，企业就尽可能事先做好生产线产品生产规划，尽可能不考虑生产转产的问题。

企业在制定生产线投资决策时，除了要考虑以上三个方面的问题以外，还应当考虑折旧对当期利润的影响，以及剩余经营时间所能生产产品的数量等问题。

（六）产品开发规划

在企业沙盘模拟经营中，产品品种越多，在各个市场拿到订单的机会越多，这对提高广告费的收益率有很大帮助。而且，产品品种越多，在争夺市场老大时主动权就越大。同时，产品品种越丰富，企业在决定新生产线的产品生产时就可以选择利润较高的品种，这也增加了选择的主动性和灵活性。但是，产品开发需要一定的周期，而且需要投入一定的开发费用，所以产品的开发就存在开发什么产品、什么时候开发的问题。企业在进行产品开发决策时，应当考虑以下四个方面的问题。

第一，企业目标市场中产品的预计销量和预计利润水平。企业开发的产品只有能大量生产并能及时销售出去才能真正产生效益，这样可以认为开发较成功。而企业要将生产出来的产品销售出去，首先要考虑的就是市场的需求量，只有市场有需求，产品才需要开发并生产，如果市场的需求量不是很大，而所有企业都开发并生产的话，势必增加竞争，这对企业也是不利的；其次，企业还要考虑目标市场产品的预计利润水平，企业应根据各个市场产品的利润水平综合做出企业产品的开发决策。

第二，竞争对手的产品开发策略。企业在进行产品开发时，应当预计竞争对手的产品开发策略，尽可能在产品上形成错位竞争。在进行决策时，企业可以从对手的市场开发情况、生产线状况、资金情况等方面入手，分析竞争对手的产品开发策略。

第三，企业自身的生产能力。一般情况下，企业的产品品种越丰富，其产品生产的灵活性越强。但是，企业开发产品应当结合自己的生产能力，否则产品开发出来后，若生产能力不足又会导致开发出来的产品不能生产而形成资源的浪费。

第四，企业的资金状况。开发产品需要企业投入资金，因此企业应当考虑自身的资金状况，最基本的原则是投入产品开发后，不会导致当期和后期出现资金的断流。为此，企业应当认真做好现金预算。

（七）产品生产规划

企业的产品开发出来以后，必须投入生产才能产生效益。这就涉及产品什么时候生产、生产多少的问题。一般情况下，只要企业的资金允许，就不应当停止产品的生产，即使当期产生库存，也可以努力在后期获得更多的订单。

企业在进行产品生产规划时，首先应考虑生产单位产品毛利润高的产品，如果各种产品的单位毛利润接近，则应当选择生产占用资金较少的产品。其次，企业还应当考虑资金的状况，在企业经营前期，资金往往相对紧张，一般不宜生产占用资金多的产品；在经营后期，如果资金宽裕，应尽可能生产单件产品毛利润高的产品，这样才能保证利润的快速增长。

（八）财务预算

企业在经营过程中，总是会面对各种诱惑，比如市场开发、产品开发、扩充生产线等，于是经营者会怀着一种良好愿望做出决策，但结果往往事与愿违，不仅良好的愿望不能实现，而且可能由于一时的冲动出现资金紧张，材料无法按时购买、开发的产品不能如期生产、生产线被迫停工，甚至可能连管理费都无法支付的情况。这些“意外”情况的发生往往让人措手不及，那企业在前期为什么没有预见到这些问题呢？最关键的就是对资金缺乏有力的控制和科学预算。要做好资金预算，最好的方式就是编制现金预算。要编制现金预算，应当做好以下基础性工作。

第一，预计各年度的现金收入。企业的现金收入来源主要是销售产品收到的现金，除此以外还包括出售厂房、生产线收到的现金等。沙盘经营中，销售产品一般收到的是应收款，将在以后的某个季度收到现金。企业可以根据产品下线情况和订单情况，明确每个季度的产品销售收入以及对应的账期，从而明确每个季度有多少应收款到期、能收到多少现金。同时，企业在规划时，可以明确出售生产线的时间，从而确定现金流入情况。

第二，明确各期应支付的固定费用。沙盘经营的固定费用包括管理费、广告费、设备维护费、厂房租金费等，这些费用基本上在年初就能确定下来。

第三，编制“生产计划和采购计划”，确定企业在各期应投入的产品加工费。在每一年年末，企业已经基本明确第二年产品的生产情况，包括投产的产品品种、投产数量和投产时间，企业可以根据这些资料明确各期发生的加工费支出。当然，为了防止出现差错，企业在经营时，应当借助“生产计划和采购计划表”来进行排产，以确定各期产品的投入和产出情况。

第四，编制“采购及材料付款计划”，确定各期应付材料采购费。材料采购对于企业来说是很重要的一个环节，采购材料必然涉及采购费的问题，企业应当根据“生产计划和采购计划表”编制“采购及材料付款计划”，从而确定各期应当支付的材料采购费用。

第五，根据开发和投资规划，确定各期开发或投资的现金流出。企业的开发或投资规划草案可以在编制现金预算之前做出，也可以与编制现金预算同时做出。如果事先已经编制了开发或投资预案，则应当测算出该开发或投资所需要的现金，并通过编制现金预算表来测算是否能在资金许可的范围内。

企业的各种开发和投资规划应当在现金允许范围内进行，否则，就可能导致现金断流。从这个角度来说，企业在进行开发和投资规划时，应当充分考虑现金预算，当某种开发或投资产生现金支出后，如果出现了现金危机，且这种危机不能通过其他融资途径来解决，就应当暂时停止该项开发和投资。

第六，确定现金短缺和不足时，应及时筹集资金。在明确了每个季度的现金流入和现金流出情况以后，就可以确定每个季度的现金短缺或盈余。如果现金短缺，就应当考虑如何筹集资金以解决资金缺口的问题。

（九）资金筹集规划

经营过程中，如果出现现金断流而又不能筹集到资金，则意味着破产。所以企业在追求利润的同时，应当充分考虑资金的情况，既要最大限度地利用资金，发挥资金的作用，达到资金保值增值的目的，又要意识到资金使用不当给企业带来的风险，为此，企业要科学合理地使用资金。当企业资金断流时，可以通过不同的途径筹集资金，使企业度过暂时的资金危机；同时，企业也可以在不同阶段，利用不同的资金筹集渠道筹集资金，为企业的快速发展提供物资上的保证。企业筹集资金的途径很多，包括贷款、出售厂房、贴现、紧急贷款、出售生产线等，由于每种方式各有特点，所以在使用时应区别对待。

（十）市场营销规划

企业生产出产品以后，如果没有及时销售出去，就不能获得收入，而且垫支的资金也不可能收回，从而影响企业的现金流。所以，企业如何将产品以最好的价格、最快的时间销售出去成为企业重点考虑的一个问题。

产品销售面对的是一个变化且充满竞争的市场，很多方面都存在不确定性，所以对市场的研究和把握非常重要。一般而言，在营销环节应做好市场预测、制定科学合理的广告投放策略，科学地拿单、科学地交单等工作。具体而言，应注意以下五个方面的问题。

1. 准确预测市场，合理预计销售订单

实际经营中，企业要准确预测市场需求是非常困难的。而在沙盘经营中，已经给出了较为准确的市场预测图，所以企业应当对数据进行充分的分析，分析各个市场上产品的预计销售数量、预计销售单价、有无销售条件的限制等。然后，为了能准确地进行广告投放，应初步预计可能的订单数量。在进行市场预测时，为了便于了解各个市场的情况，企业可自行设计“市场需求预测表”。

2. 收集竞争对手的资料，分析竞争对手的市场策略

知彼知己，百战不殆。企业经营面对的是一个充满竞争的市场，企业应充分了解竞争对手，从市场开发、预计产品可销售量、资金状况等方面分析竞争对手可能的市场策略。

通过分析对手的市场开发情况，明确各个市场的竞争状况，避免浪费广告费。

企业可通过分析对手的产量情况，看出各种产品在市场上的竞争激烈程度。比如，在第二年，各家企业都在生产 P1，并且大多数企业在年初都有库存，而在第二年市场只有本地和区域市场，那么各个企业对 P1 订单的争夺就会比较激烈。这种情况下，从稳健的角度出发，企业不应过多地在各个市场投放广告，而应将重点放在自身的积累上，力争在每个市场取得一张订单就可以了。也就是说，不一定要得到最好的结果，但一定不要得到最坏的结果。企业对对手的产量分析，可以从对手的生产线、产品开发、资金状况等方面着手，此时可以设计一张产品产量预测表，并将分析的结果填制在预测表中。

企业还可通过调查竞争对手的资金情况，分析对手在广告投放上的最大可能投放量，这有利于企业合理制定广告费投放策略。在分析对手的资金状况时，包括企业年初的库存现金、应收款以及企业上年末的所有者权益，应收款可以贴现，若不考虑应收款贴现，就可能导致分析失误。同时，因为企业需要资金周转，不应该将资金全部投放在广告上，如果企业将资金全部投放在广告上，下年在开始运营时就必须筹集资金。但根据运营流程，年初筹集资金一般是借入短期贷款，要借款又必然要考虑上年

的所有者权益和已有的贷款额度，因此在分析对手的资金情况时，还应当考虑对手的所有者权益情况。

3. 制定广告策略

制定广告策略主要是解决企业在哪些市场投放广告费、在哪些产品上投放广告费以及投放多少的问题。科学合理的广告投放可以使企业拿到满意的订单而不造成资金的浪费，从而提高广告收益率和资金的使用率。然而，错误或不当的广告策略不仅会造成资金的浪费，还可能使企业不能拿到满意的订单从而造成产品积压、当年收入的降低，以及影响当年的现金流量。所以，企业应制定科学合理的广告策略。企业在制定广告策略时，应当把握以下原则：

（1）稳健性原则。

稳健性原则就是在认真分析市场的情况下，有目的地投放广告，不意气用事，避免由于盲目投放广告造成的资金浪费。在企业经营中，有的年份资金可能相对比较充裕，若仅为了将积压的产品销售出去而大量地投放广告，可能会导致投入的资金无法达到预期的效果。企业经营是很理性的，需要科学地对待，应该尽量避免侥幸心理，更不应该有“赌”的心理。

（2）效益性原则。

效益性原则就是尽可能使广告投入收益最大化。企业投放广告费的目的是销售产品，所以企业在投入广告费时应尽可能使投放的广告产生收益，而且是最大的收益。比如，企业准备销售 6 个 P1 产品，企业有两个市场，如果预计每个市场的订单为 6 张，而进入各个市场的企业为 6 家，则企业在各个市场投放的广告费也最好为 1 M~2 M，这样可基本保证每个市场拿到一张订单，如果投放过多，势必造成浪费。

（3）全面性原则。

企业在制定广告策略时，要事先预计市场的销售数量和订单情况、市场的竞争程度、本企业及对手的资金情况、本企业的重点市场及企业的实际生产情况，包括生产能力、原材料供应等因素。只有在充分收集信息并分析信息的基础上，才能做出正确的决策。

（4）争取市场领导地位原则。

争取市场领导地位原则就是在合理的广告投放范围内，企业应尽量争取市场的领导地位。但要注意的是，一定不能为了争取市场老大而大量投放广告费，市场领导地位的取得应当是在企业实力足够的情况下取得的。企业如果产品品种多、产量大，则应利用该优势集中在某市场投放广告费，集中在该市场选单，努力取得该市场领导者地位；如果企业的产品品种比较单一，产量又比较小，则应避免为争市场地位而投入过多的广告费。

4. 竞单技巧

企业进行正确的广告投放只是为拿到订单提供了条件，但实际能不能拿到最佳的订单，关键在于竞单。所谓最佳的订单就是将生产的产品全部销售出去，使每张订单的产品毛利最大、账期最短。当然，要拿到真正最佳的订单是一种苛求，但这是一个努力的方向。企业在拿订单时，除了随机应变外，还应当注意以下问题：

（1）事先明确企业在每季度各种产品的生产情况。

企业在竞单时，有时候会涉及带有限制条件的订单，比如加急订单，如果事先没有准确计算出各期生产产品的情况，在拿单时就会陷入被动。

（2）分析对手广告投入情况，合理确定产品市场。

在竞单之前，教师会将各组广告投放数据录入并展示，以便确认广告录入是否正确。企业可以利用这个时机，对各组的广告投放情况进行记录并分析，以利于企业调整竞单策略。比如，企业分别在区域、亚洲和国际市场投放 P3 产品的广告费，而通过分析，发现国际市场只有本企业和另外一个组在 P3 产品投放广告费，而且本企业投放的是 4 M、对方是 3 M，根据事先的推测，该产品在国际市场至少有三张订单，那么，说明本企业在国际市场上至少可以拿到两张订单。在这种情况下，企业可以出于价格或者其他有利于自己的原因放弃前面某个市场的竞单，而将竞单的机会放在国际市场上，这样企业就有了选择的机会，如果企业没有做这一分析，就可能错过比较好的竞单机会。

（3）配合企业的资金预算选单。

企业在竞单时，有时候会面临这种选择：有两张订单，销售数量都相同，不同的是账期和总价。其中一张订单账期比较长，但总价比较高；另一张订单账期比较短，但总价相对较低。遇到这种情况应如何选单呢？一般情况下，如果企业资金比较紧张，就应该选择账期比较短，但总价相对较低的订单；如果企业没有资金困扰的问题，则应该选择总价高的订单。

（4）珍惜优先选单的机会，配合产品产量选单。

如果企业是某市场的市场老大，或者在某个市场投放的广告费比较多，就可能有优先选单的权利，此时企业应充分把握这个机会。

如果企业在某市场的某个产品有两次以上的选单机会，则应分析对手的产量和选单情况：如果企业拿任意订单都能交单，则应选择大单；如果通过分析，发现所有的对手都不能拿下最大单，只有本企业可以拿，则企业应选择次大的订单，将最大的订单放在最后来选，从而保证本企业的产品销售。

如果某市场某产品有 ISO 条件限制，只有本企业投放了 1 M 的 ISO 认证广告费，才有选择该产品的权利，那么若本企业有两次选单的机会，就应首先选择没有 ISO 条件的产品，最后选择有 ISO 条件的产品。这样，一方面可以保证本企业产品的销售；另一方面，由于对方不能选择 ISO 条件的产品只能放弃，从而一定程度上遏制对手的销售。

（5）在能争取市场领导地位的情况下集中拿单。

有时企业在竞争时，会“意外”得到一个市场领导地位，这种“意外”，其实是有必然性的。企业在投放广告费时，有时候会集中在某个或某几个市场，忽视另外的市场。这种情况下，企业如果在其中一个大家都比较忽视的市场投放了比较多的广告费，则企业应该抓住机会，放弃一部分其他市场，将产品集中销售在该市场，争取取得市场领导地位。在选单时，企业应该选择总额更大的订单，单价和账期可以放在次要位置考虑。

5. 交单技巧

企业拿到的销售订单，一般没有规定具体的交单时间，这样企业在交订单时，就可以配合企业的资金需要选择先交哪张订单。交单科学，可以在一定程度上缓解企业的资金压力，避免由于筹资而发生无谓的财务费用支出。在确定交单顺序时，可以根据事先编制的现金预算，测算出企业在某个季度需要的现金量，尽可能避免贴现。

企业在确定销售订单的交单顺序时，应当注意分析以下两个因素：

（1）账期。

相同数量的两张订单，由于账期的不同，先交单和后交单会直接影响企业的现金回笼情况。在此可分为两种情况进行讨论：第一，在资金暂时不会断流的情况下（也就是不会因为这两张订单的账期差异而影响资金的正常运行），就可以先交账期长的订单，后交账期短的订单；第二，在资金非常紧张的情况下，急需资金的回笼，应先交账期短的订单，以缓解短期的资金压力，尽可能减少贴现和财务费用，增大所有者权益，但若只能靠贴现才能解决资金断流的问题，则应该考虑先交账期长的订单。有可能遇到这样的情况：两张订单是同一种产品，但一张订单数量较大，另一张订单数量小，通常情况下，应先将数量较多的订单交了，因为订单的数量多，它的总额也就更大，有时候企业很可能就因为这点差额出现现金断流而破产。

（2）产品。

若生产总监产能预算错误，导致拿回来的订单量大于产能，此时就只有赔单了。为了把损失控制在最小范围，现在来看看下面两种情况应该如何处理。第一，如果按原计划进行生产，就要赔掉拥有市场老大资格的那个市场的订单，如果赔了那张订单，企业就会失去市场老大的地位，此时应先保证市场老大的地位不受影响，在其他的市场赔单。第二，由于那张订单的总额太多，而实际少一个 P2 产品，这时可以进行生产线的转产，将生产其他产品的生产线转为生产 P2 的产品，这样就尽可能减少了赔款的金额。以上两种情况都是在拿回订单时就发现了要赔单的情况，这里还要注意，如果确定转产还需要提前订购原材料。

（十一）生产制造规划

企业只有将产品生产出来，才能实现销售。企业也只有准确地计算出每个季度的产能，才能准确地拿单。对于生产总监来说，应当注意把握以下问题：

第一，准确计算出各条生产线在每个季度产品的上线和下线情况。生产总监应在年初准确编制“产品生产及采购计划”，计算出每个季度完工和上线的产品数量，并将产品完工的数据报告给销售总监，以便销售总监做出科学合理的销售策略；同时，将在制品的投产情况，也就是每个季度原材料的需求量报告给采购总监，以便采购总监及时下原材料订单，及时购买。

第二，准确计算每个季度需要的加工费，并报告给财务总监，以便安排支出。生产总监根据计算出的每个季度的产品生产数量，预计需要的加工费，并将该数据报告给财务总监，财务总监据此进行现金预算。

第三，准确更新和投产，防止错误发生。在进行更新生产和开始下一批生产时，生产总监应按照生产线顺序依次更新和开始下一批生产，切忌随意进行生产，否则容易出错。

（十二）原材料采购规划

企业只有及时采购原材料才能保证生产的正常进行。科学合理地采购原材料，是采购总监的目标，既保证生产的需要，又不造成材料的积压。在材料采购环节，应该把握以下问题：

第一，准确计算并下原料订单，及时购买原材料。采购总监要准确地下原料订单，首先必须准确计算出什么时候下原料订单、下多少订单。采购总监根据生产总监提供的原材料需求计划，考虑原材料订货提前期并确定订货的时间，防止出现采购不及时，或者采购错误而给企业带来损失的情况。

第二，准确计算原材料采购费用。采购总监根据采购的原材料数量确定每个季度需要的原材料采购费用，并将该采购费用数据提供给财务总监，财务总监据以编制现金预算，并及时安排资金。

（十三）杜邦财务分析法

财务管理是企业经营管理的核心之一，而如何实现股东财富最大化或公司价值最大化是财务管理的核心目标。任何一个公司的生存与发展都依赖于该公司能否创造价值。出于向投资者（股东）揭示经营成果和提高经营管理水平的需要，公司需要一套实用、有效的财务指标体系，以便评价和判断企业的经营绩效、经营风险、财务状况、获利能力和经营成果。杜邦财务分析法就是一种比较实用的财务比率分析方法，它最早由美国杜邦公司使用，故被称为杜邦分析法。

杜邦分析法（见图 3.1）利用几种主要的财务比率之间的关系来综合分析企业的财务状况，以评价公司的盈利能力和股东权益回报水平。它的基本思想是将企业净资产收益率（ROE）逐级分解为多项财务比率乘积，这样有助于深入分析比较企业经营业绩。

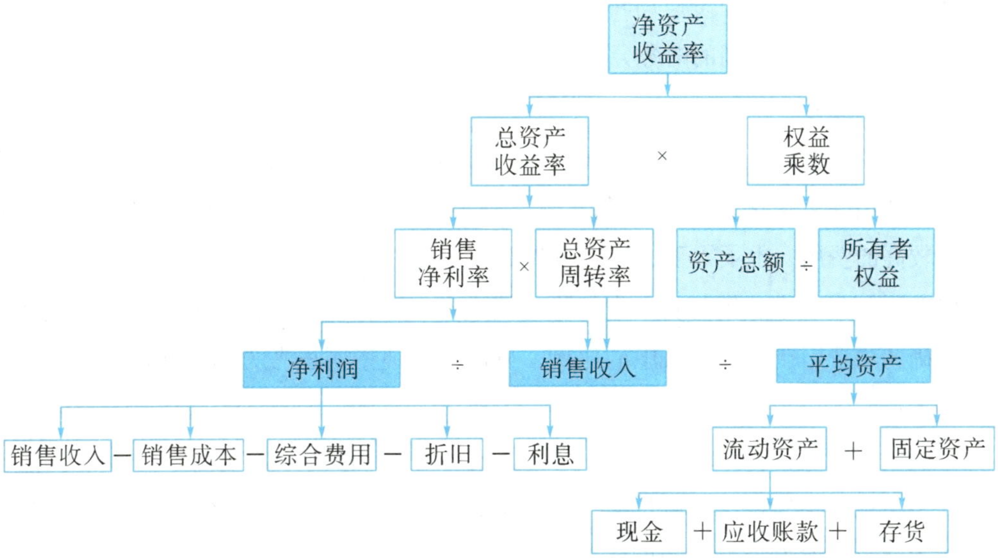

图 3.1　杜邦分析法图解

净资产收益率是杜邦分析的核心指标，这是因为，任何一个投资人投资某一特定企业，目的都在于该企业能给其带来更多的回报。因此，投资人最关心这个指标；同时，这个指标也是企业管理者制定各项财务决策的重要参考依据。通过杜邦分析，可以知晓净资产收益率受到总资产收益率和权益乘数的影响。

对总资产收益率水平的分析，也可进行类似的指标分解。总资产收益率低的原因可能在于销售利润率较低，也可能在于总资产周转率较低。如果属于前一种情况，则需要在开源节流方面挖掘潜力；如果属于后一种情况，则需要提高资产的利用效率，减少资金闲置，加速资金周转。

为了找到销售利润率及总资产周转率水平高低的原因，可将其分解为财务报表有关项目，从而进一步发现问题产生的原因。销售利润率及总资产周转率与财务报表有关项目之间的关系可从杜邦分析图中一目了然。有了这张图，可以非常直观地发现是哪些项目影响了销售利润率，或者是哪些资产项目影响了资产周转率。

权益乘数反映企业的负债能力，指标数值越高，说明企业资产总额中的大部分是通过负债形成的，这样的企业将会面临较高的财务风险；指标数值越低，说明企业的财务政策比较稳健，负债较少，风险也较小，但获得超额利益的机会也不会很多。

杜邦分析既涉及企业获利能力方面的指标（净资产收益率、销售利润率），又涉及营运能力方面的指标（总资产周转率），还涉及举债能力指标（权益乘数），可以说杜邦分析法是一个十分实用的财务分析方法。

（十四）全成本核算分析

企业经营的本质是获取利润，而获取利润的途径是扩大销售或降低成本。企业成本由多项费用要素构成，了解各费用要素在总体成本中所占的比例，分析成本结构，从比例较高的费用支出项入手，是控制费用的有效方法。

ERP 模拟经营中从销售收入中扣除直接成本、综合费用、折旧利息后得到税前利润。明确各项费用在销售收入中的比例，可以清晰地指明思考方向。费用比例的计算公式如下：

$$费用比例=费用\div销售收入\times100\%$$

这一指标反映的是，在单位销售额中，某项费用所占的成本比例。例如，广告费用的成本分摊比率为 0.23，说明在 1 M 销售额中，广告成本占 23%，分摊越小，成本就越低。

如果将各费用比例相加，再与 1 相比，则可以看出总费用占销售比例的多少。如果超过 1，则说明支出大于收入，企业亏损，并可以直观地看出亏损的程度。全成本核算分析框架如图 3.2 所示。

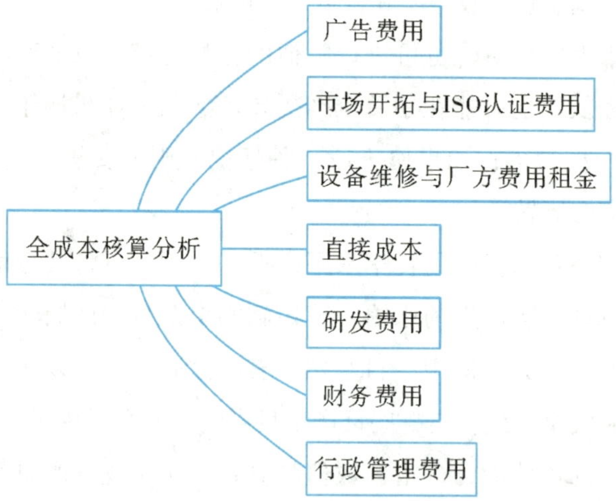

图 3.2　全成本核算分析框架

1. 广告费用因素分析

广告效益不好的原因大致可以从以下几个方面考虑：

（1）市场定位不清晰。

广告效益不好最直接的原因就是企业没有进入毛利大、数量大的市场，从而使订单量不足，其结果就是销售额过小，相对广告费用而言成本过高。

（2）产品定位不清晰。

企业没有将有限的生产能力定位在毛利大的产品上，低端产品过多也会造成广告费用成本过高。

（3）对竞争对手分析不足。

“理性”与“非理性”对手都会影响自己对广告费用投入的决策，这可能造成“优势订单”流失，或者使企业成为盲目的“标王”，从而导致广告费用成本过高。

（4）缺乏费用预算控制。

企业可能对“预计销售额”与“费用预算”的关系考虑不足，如广告预算应当控制在“总计划销售额”的10%左右。

综上可以看出广告费用效益评价原则是以最小的广告投入，拿回价格恰当、满足可销售量的销售订单。

2. 市场开拓与ISO认证费用因素分析

市场开拓与ISO认证投入效益不好的分析因素与广告费用情况大致相同，在此不再赘述。

3. 设备维修与厂方租金费用因素分析

此项效益不好的分析大致可以从以下两个方面考虑。

（1）缺乏生产线投资回报意识。

所有生产线维修费用都是1 M，但手工生产线产能只有1个，全自动生产线有4个。如图3.3所示，4个产品销售额分摊1 M维修费用时，全自动生产线成本一定是手工生产线的1/4。

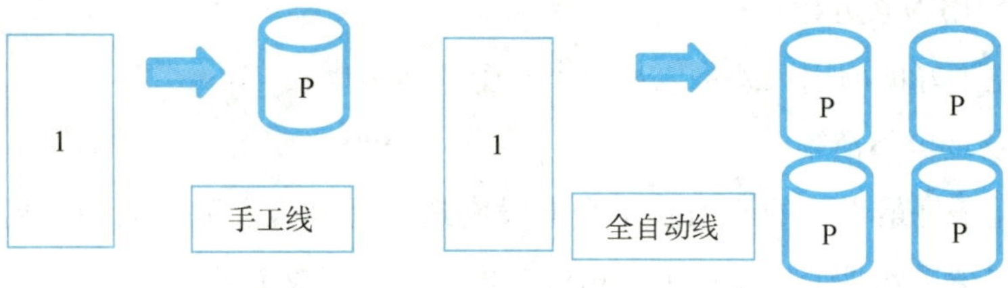

图 3.3　手工生产线和全自动生产线对比

（2）误解资产与费用关系。

在沙盘经营中“租厂房”是否更合适？答案似乎是肯定的，因为大厂房的租金每年只有 5 M，6 年累计是 30 M；而大厂房购买的价格是 40 M。

其实购买厂房属于“资产形式转换”，将流动资金转换为固定资金；而租金是费用，将计入成本。由于这种误解，许多团队的租金成本很高，利润却不高。

从以上分析可以看出，降低维修费用与厂房租金费用的成本分摊是需要仔细分析的。维修费用效益提高的思路应当是“淘汰”产能低的生产线，特别是手工生产线；租金费用效益提升的思路应当是充分利用融资手段，购买厂房，降低租金。

4. 直接成本因素分析

直接成本效益不好的因素可以从以下两方面考虑。

（1）生产加工费用考虑不周。

用手工生产线生产高端产品时，会产生很高的加工费用。例如，手工线生产 P4 产品的加工费是 1 M，但需三个季度；而全自动生产线加工费也为 1 M，却只需一个季度。所以生产高端产品不应当使用手工生产线或者半自动生产线。

（2）订单价格因素的忽略。

在选择订单时，对订单的价格因素考虑不够，特别是产品库存大，有积压时挑单往往偏向于考虑订单数量；现金流窘迫时主要考虑应收款期限，而忽视了价格对于直接成本的影响。

例如，P1 产品的直接成本是 2 M，但 P1 的销售价格差异极大，价格高时可以达到 6 M，价格低时甚至只有 3 M。若将 P1 卖 6 M，则直接成本分摊只有 1/3；若价格为 3 M，则成本分摊将是 2/3。可见，其中的差距还是很大的。

综上可以看出，直接成本效益提高的思路是高端产品使用全自动生产线，选单时要考虑销售价格因素。

5. 研发费用因素分析

该项效益不好的分析因素应考虑以下两点。

（1）产品定位不准。

对各产品的毛利、产品生产周期的思考不清晰。例如，对 P4 产品过早投资研发则会造成不合理资金占用，过迟则影响销售量。不论是哪种情况，都势必造成研发成本过高。

（2）资源使用过于分散。

受主打产品生命周期“漂移”、资金流“窘迫”等因素影响，每年经营时必须考虑“集中优势资源打歼灭战”。否则，势必造成资源使用过于分散，研发成本过高。

综上可以看出，研发效益提高的思路应当是不同时期定位好主打产品。

6. 财务费用因素分析

财务费用效益不好的分析因素大致可以考虑以下两点。

（1）融资策略失当。

各种贷款中利息最低的是“短期贷款”，但若对资金链没有规划，没有“财务杠杆”意识，过多地进行长期贷款，甚至紧急贷款，其财务成本势必很高。

（2）现金流控制失当。

缺乏现金流控制意识，未理解“企业血脉”的重要含义，特别是没有进行全年计划的可行性判断。现金流诊断是沙盘经营中判断计划可行性的主要标准。在现金流“危机”时过多地使用“贴现”，会造成财务成本很高。

综上可以看出，财务费用效益提高的思路应当是对融资的前瞻规划和对资金链的时时控制。

7. 行政管理费用因素分析

此项费用效益不好的分析因素只有一个，即销售额太低。因为各团队的行政管理费用是相同的，每年 4 M。销售额高，分摊比例自然就小。一个企业“做大做强”的口号是有“次序”关系的，企业做大了，各项固定成本的分摊比率自然降低。因此，降低行政管理费用成本分摊的思路就是扩大销售规模。

将以上各项费用的成本分摊汇总到一起，就形成了全成本核算数据。各经营团队的数据可以形成对比，各团队可以有针对性地分析经营不善的原因，并找到管理改进的思路。

四、任务与实施

（一）工作任务导入

工作任务 1 第一年模拟经营

工作任务 2 第二年模拟经营

工作任务 3 第三年模拟经营

工作任务 4 第四年模拟经营

工作任务 5 第五年模拟经营

工作任务 6 第六年模拟经营

（二）工作任务思考

问题 1：各位总监，在经营过程中你认为自己最需要注意的事情是什么（分角色回答）？

思考记录：____

____

____

____

问题 2：各位总监，请梳理未来 6 年经营中自己职责范围内的运营思路。

思考记录：____

____

____

____

问题 3：请 CEO 认真思考应如何做好团队的激励工作。

思考记录：____

____

____

____

（三）工作任务实施

1. 工作任务 1 第一年模拟经营

（1）工作活动。

工作活动一：年初 4 项操作。

工作活动二：第 1 季度经营。

工作活动三：第 2 季度经营。

工作活动四：第 3 季度经营。

工作活动五：第 4 季度经营。

工作活动六：年末 6 项操作。

工作活动七：填写产品核算表、综合费用表、利润表、资产负债表。

（2）活动思考。

问题：如何才能将资产负债表填制好？关键点在哪儿？

（3）活动实施。

根据第一年模拟经营情况填制下列各表。

第一年广告竞单见表 3.3。

表 3.3　第一年广告竞单表

产品	本地	区域	国内	亚洲	国际
P1					
P2					
P3					
P4					
ISO9000 认证					
ISO14000 认证					

第一年订单登记见表 3.4。

表 3.4　第一年订单登记表

订单号										合计
市场										
产品										
数量										
账期										
销售额										
成本										
毛利										
罚款										

注：销售额、成本、毛利三项数据在交货时填写。

第一年现金预算见表 3.5。

表 3.5　第一年现金预算表

项目	1	2	3	4
期初库存现金				
支付上年应交税				
市场广告投入				
贴现费用				
支付短期贷款利息				
支付到期短期贷款				
原料采购支付现金				
转产费用				
生产线投资				
支付加工费				
产品研发投资				
收到现金前的所有支出				
应收款到期				

表3.5(续)

项目	1	2	3	4
支付管理费用				
支付长期贷款利息				
支付到期长期贷款				
设备维护费用				
租金				
购买新建筑				
市场开拓投资				
ISO 认证投资				
其他				
库存现金余额				

第一年企业运营记录见表 3.6。

表 3.6 第一年企业运营记录表

操作顺序	请按顺序执行下列各项操作。每执行完一项操作，在对应的方格内画“√”或“×”，并在涉及现金收支的方格内填写现金收支的具体数额。				
年初	新年度规划会议				
	参加订货会/支付广告费/登记销售订单				
	制订新年度计划				
	支付应付税款				
1	季初现金盘点（请填余额）				
2	更新短期贷款/还本付息/申请短期贷款（紧急贷款）				
3	更新应付款/归还应付款				
4	原材料入库/更新原料订单				
5	下原料订单				
6	更新生产/完工入库				
7	投资新生产线/变卖生产线/生产线转产				
8	向其他企业购买原材料/出售原材料				
9	开始下一批生产				

表3.6(续)

操作顺序	请按顺序执行下列各项操作。每执行完一项操作，在对应的方格内画“√”或“×”，并在涉及现金收支的方格内填写现金收支的具体数额。				
10	更新应收款/应收款收现				
11	出售厂房				
12	向其他企业购买成品/出售成品				
13	按订单交货				
14	产品研发投资				
15	支付行政管理费				
16	其他现金收支情况登记				
17	现金收入合计				
18	现金支出合计				
年末	支付利息/更新长期贷款/申请长期贷款				
	支付设备维护费				
	支付租金/购买厂房				
	计提折旧				
	新市场开拓/ISO 资格认证投资				
	结账				
19	期末现金对账（请填余额）				

第一年组间交易明细见表 3.7。

表 3.7　第一年组间交易明细表

时间		买入			卖出		
年	季度	产品	数量	金额	产品	数量	金额

第一年产品核算统计见表 3.8。

表 3.8　第一年产品核算统计表

类别	P1	P2	P3	P4	合计
数量					
销售额					
成本					
毛利					

第一年综合管理费用明细见表 3.9。

表 3.9　第一年综合管理费用明细表

项目	金额	备注
管理费		
广告费		
维修费		
租金		
转产费		
市场准入		□区域　□国内　□亚洲　□国际
ISO 资格认证		□ISO9000　□ISO14000
产品研发		P2（　）　P3（　）　P4（　）
其他		
合计		

第一年利润见表 3.10。

表 3.10　第一年利润表

项目	计算关系	上年数	本年数
销售收入	+		
直接成本	−		
毛利	=		

表3.10(续)

项目	计算关系	上年数	本年数
综合费用	-		
折旧前利润	=		
折旧	-		
支付利息前利润	=		
财务收入/支出	+/-		
额外收入/支出	+/-		
税前利润	=		
所得税	-		
净利润	=		

第一年资产负债表见表3.11。

表3.11　第一年资产负债表

资产	计算关系	期初数	期末数	负债+权益	计算关系	期初数	期末数
流动资产:				负债:			
现金	+			长期负债	+		
应收款	+			短期负债	+		
在制品	+			应付款	+		
成品	+			应交税	+		
原料	+						
流动资产合计	=			负债合计	=		
固定资产:				所有者权益:			
土地和建筑	+			股东资本	+		
机器设备	+			利润留存	+		
在建工程	+			年度净利	+		
固定资产合计	=			所有者权益	=		
总资产	=			负债+权益	=		

2. 工作任务 2 第二年模拟经营

（1）工作活动。

工作活动一：年初 4 项操作。

工作活动二：第 1 季度经营。

工作活动三：第 2 季度经营。

工作活动四：第 3 季度经营。

工作活动五：第 4 季度经营。

工作活动六：年末 6 项操作。

工作活动七：填写产品核算表、综合费用表、利润表、资产负债表。

（2）活动思考。

问题：第二年能生产什么产品，能在哪个市场销售？

（3）活动实施。

根据第二年模拟经营填制下列各表。

第二年广告竞单见表 3.12。

表 3.12　第二年广告竞单表

产品	本地	区域	国内	亚洲	国际
P1					
P2					
P3					
P4					
ISO9000 认证					
ISO14000 认证					

第二年订单登记见表 3.13。

表 3.13　第二年订单登记表

订单号										合计	
市场											
产品											

表3.13(续)

订单号										合计	
数量											
账期											
销售额											
成本											
毛利											
罚款											

注：销售额、成本、毛利三项数据在交货时填写。

第二年现金预算见表3.14。

表3.14 第二年现金预算表

项目	1	2	3	4
期初库存现金				
支付上年应交税				
市场广告投入				
贴现费用				
支付短期贷款利息				
支付到期短期贷款				
原料采购支付现金				
转产费用				
生产线投资				
支付加工费				
产品研发投资				
收到现金前的所有支出				
应收款到期				
支付管理费用				
支付长期贷款利息				
支付到期长期贷款				
设备维护费用				

表3.14(续)

项目	1	2	3	4
租金				
购买新建筑				
市场开拓投资				
ISO 认证投资				
其他				
库存现金余额				

第二年企业运营记录见表 3.15.

表 3.15　第二年企业运营记录表

操作顺序	请按顺序执行下列各项操作。每执行完一项操作，在对应的方格内画“√”或“×”，并在涉及现金收支的方格内填写现金收支的具体数额。				
年初	新年度规划会议				
	参加订货会/支付广告费/登记销售订单				
	制订新年度计划				
	支付应付税				
1	季初现金盘点（请填余额）				
2	更新短期贷款/还本付息/申请短期贷款（紧急贷款）				
3	更新应付款/归还应付款				
4	原材料入库/更新原料订单				
5	下原料订单				
6	更新生产/完工入库				
7	投资新生产线/变卖生产线/生产线转产				
8	向其他企业购买原材料/出售原材料				
9	开始下一批生产				
10	更新应收款/应收款收现				
11	出售厂房				
12	向其他企业购买成品/出售成品				
13	按订单交货				

表3.15（续）

操作顺序	请按顺序执行下列各项操作。每执行完一项操作，在对应的方格内画“√”或“×”，并在涉及现金收支的方格内填写现金收支的具体数额。				
14	产品研发投资				
15	支付行政管理费				
16	其他现金收支情况登记				
17	现金收入合计				
18	现金支出合计				
年末	支付利息/更新长期贷款/申请长期贷款				
	支付设备维护费				
	支付租金/购买厂房				
	计提折旧				
	新市场开拓/ISO资格认证投资				
	结账				
19	期末现金对账（请填余额）				

第二年组间交易明细见表3.16。

表3.16　第二年组间交易明细表

时间		买入			卖出		
年	季度	产品	数量	金额	产品	数量	金额

第二年产品核算统计见表3.17。

表3.17　第二年产品核算统计表

类别	P1	P2	P3	P4	合计
数量					
销售额					
成本					
毛利					

第二年综合管理费用明细见表 3.18。

表 3.18　第二年综合管理费用明细表

项目	金额	备注
管理费		
广告费		
维修费		
租金		
转产费		
市场准入		□区域　□国内　□亚洲　□国际
ISO 资格认证		□ISO9000　□ISO14000
产品研发		P2（　）　P3（　）　P4（　）
其他		
合计		

第二年利润见表 3.19。

表 3.19　第二年利润表

项目	计算关系	上年数	本年数
销售收入	+		
直接成本	−		
毛利	=		
综合费用	−		
折旧前利润	=		
折旧	−		
支付利息前利润	=		
财务收入/支出	+/−		
额外收入/支出	+/−		

表3.19(续)

项目	计算关系	上年数	本年数
税前利润	=		
所得税	-		
净利润	=		

第二年资产负债表见表3.20。

表3.20 第二年资产负债表

资产	计算关系	期初数	期末数	负债+权益	计算关系	期初数	期末数
流动资产:				负债:			
现金	+			长期负债	+		
应收款	+			短期负债	+		
在制品	+			应付款	+		
成品	+			应交税	+		
原料	+						
流动资产合计	=			负债合计	=		
固定资产:				所有者权益:			
土地和建筑	+			股东资本	+		
机器设备	+			利润留存	+		
在建工程	+			年度净利	+		
固定资产合计	=			所有者权益	=		
总资产	=			负债+权益	=		

3. 工作任务3第三年模拟经营

(1) 工作活动。

工作活动一:年初4项操作。

工作活动二:第1季度经营。

工作活动三:第2季度经营。

工作活动四：第 3 季度经营。

工作活动五：第 4 季度经营。

工作活动六：年末 6 项操作。

工作活动七：填写产品核算表、综合费用表、利润表、资产负债表。

（2）活动思考。

问题：现在的生产线够用吗？你们认为什么时候市场会有 ISO 认证需求？

（3）活动实施。

根据第三年模拟经营填制下列各表。

第三年广告竞单见表 3.21。

表 3.21　第三年广告竞单表

产品	本地	区域	国内	亚洲	国际
P1					
P2					
P3					
P4					
ISO9000 认证					
ISO14000 认证					

第三年订单登记见表 3.22。

表 3.22　第三年订单登记表

订单号										合计
市场										
产品										
数量										
账期										
销售额										
成本										

表3.22(续)

订单号										合计
毛利										
罚款										

注：销售额、成本、毛利三项数据在交货时填写。

第三年现金预算见表3.23。

表3.23　第三年现金预算表

项目	1	2	3	4
期初库存现金				
支付上年应交税				
市场广告投入				
贴现费用				
支付短期贷款利息				
支付到期短期贷款				
原料采购支付现金				
转产费用				
生产线投资				
支付加工费				
产品研发投资				
收到现金前的所有支出				
应收款到期				
支付管理费用				
支付长期贷款利息				
支付到期长期贷款				
设备维护费用				
租金				
购买新建筑				
市场开拓投资				

表3.23(续)

项目	1	2	3	4
ISO 认证投资				
其他				
库存现金余额				

第三年企业运营记录见表 3.24。

表 3.24　第三年企业运营记录表

操作顺序	请按顺序执行下列各项操作。每执行完一项操作，在对应的方格内画“√”或“×”，并在涉及现金收支的方格内填写现金收支的具体数额。				
年初	新年度规划会议				
	参加订货会/支付广告费/登记销售订单				
	制订新年度计划				
	支付应付税				
1	季初现金盘点（请填余额）				
2	更新短期贷款/还本付息/申请短期贷款（紧急贷款）				
3	更新应付款/归还应付款				
4	原材料入库/更新原料订单				
5	下原料订单				
6	更新生产/完工入库				
7	投资新生产线/变卖生产线/生产线转产				
8	向其他企业购买原材料/出售原材料				
9	开始下一批生产				
10	更新应收款/应收款收现				
11	出售厂房				
12	向其他企业购买成品/出售成品				
13	按订单交货				
14	产品研发投资				
15	支付行政管理费				
16	其他现金收支情况登记				

表3.24(续)

操作顺序	请按顺序执行下列各项操作。每执行完一项操作，在对应的方格内画“√”或“×”，并在涉及现金收支的方格内填写现金收支的具体数额。				
17	现金收入合计				
18	现金支出合计				
年末	支付利息/更新长期贷款/申请长期贷款				
	支付设备维护费				
	支付租金/购买厂房				
	计提折旧				
	新市场开拓/ISO资格认证投资				
	结账				
19	期末现金对账（请填余额）				

第三年组间交易明细见表3.25。

表3.25　第三年组间交易明细表

时间		买入			卖出		
年	季度	产品	数量	金额	产品	数量	金额

第三年产品核算统计见表3.26。

表3.26　第三年产品核算统计表

类别	P1	P2	P3	P4	合计
数量					
销售额					
成本					
毛利					

第三年综合管理费用明细见表3.27。

表3.27 第三年综合管理费用明细表

项目	金额	备注
管理费		
广告费		
维修费		
租金		
转产费		
市场准入		□区域 □国内 □亚洲 □国际
ISO 资格认证		□ISO9000 □ISO14000
产品研发		P2（ ） P3（ ） P4（ ）
其他		
合计		

第三年利润见表3.28。

表3.28 第三年利润表

项目	计算关系	上年数	本年数
销售收入	+		
直接成本	-		
毛利	=		
综合费用	-		
折旧前利润	=		
折旧	-		
支付利息前利润	=		
财务收入/支出	+/-		
额外收入/支出	+/-		
税前利润	=		
所得税	-		
净利润	=		

第三年资产负债表见表 3.29。

表 3.29　第三年资产负债表

资产	计算关系	期初数	期末数	负债+权益	计算关系	期初数	期末数
流动资产：				负债：			
现金	+			长期负债	+		
应收款	+			短期负债	+		
在制品	+			应付款	+		
成品	+			应交税	+		
原料	+						
流动资产合计	=			负债合计	=		
固定资产：				所有者权益：			
土地和建筑	+			股东资本	+		
机器设备	+			利润留存	+		
在建工程	+			年度净利	+		
固定资产合计	=			所有者权益	=		
总资产	=			负债+权益	=		

4. 工作任务 4 第四年模拟经营

（1）工作活动。

工作活动一：年初 4 项操作。

工作活动二：第 1 季度经营。

工作活动三：第 2 季度经营。

工作活动四：第 3 季度经营。

工作活动五：第 4 季度经营。

工作活动六：年末 6 项操作。

工作活动七：填写产品核算表、综合费用表、利润表、资产负债表。

（2）活动思考。

问题：是否能够准确计算原材料采购数量？

（3）活动实施。

根据第四年模拟经营填制下列各表。

第四年广告竞单见表 3. 30。

表 3. 30　第四年广告竞单表

产品	本地	区域	国内	亚洲	国际
P1					
P2					
P3					
P4					
ISO9000 认证					
ISO14000 认证					

第四年订单登记见表 3. 31。

表 3. 31　第四年订单登记表

订单号										合计	
市场											
产品											
数量											
账期											
销售额											
成本											
毛利											
罚款											

注：销售额、成本、毛利三项数据在交货时填写。

第四年现金预算见表 3. 32。

表 3. 32　第四年现金预算表

项目	1	2	3	4
期初库存现金				

表3.32(续)

项目	1	2	3	4
支付上年应交税				
市场广告投入				
贴现费用				
支付短期贷款利息				
支付到期短期贷款				
原料采购支付现金				
转产费用				
生产线投资				
支付加工费				
产品研发投资				
收到现金前的所有支出				
应收款到期				
支付管理费用				
支付长期贷款利息				
支付到期长期贷款				
设备维护费用				
租金				
购买新建筑				
市场开拓投资				
ISO 认证投资				
其他				
库存现金余额				

第四年企业运营记录见表3.33。

表3.33 第四年企业运营记录表

操作顺序	请按顺序执行下列各项操作。每执行完一项操作，在对应的方格内画“√”或“×”，并在涉及现金收支的方格内填写现金收支的具体数额。				
年初	新年度规划会议				
	参加订货会/支付广告费/登记销售订单				
	制订新年度计划				
	支付应付税				
1	季初现金盘点（请填余额）				
2	更新短期贷款/还本付息/申请短期贷款（紧急贷款）				
3	更新应付款/归还应付款				
4	原材料入库/更新原料订单				
5	下原料订单				
6	更新生产/完工入库				
7	投资新生产线/变卖生产线/生产线转产				
8	向其他企业购买原材料/出售原材料				
9	开始下一批生产				
10	更新应收款/应收款收现				
11	出售厂房				
12	向其他企业购买成品/出售成品				
13	按订单交货				
14	产品研发投资				
15	支付行政管理费				
16	其他现金收支情况登记				
17	现金收入合计				
18	现金支出合计				

表3.33(续)

操作顺序	请按顺序执行下列各项操作。每执行完一项操作，在对应的方格内画“√”或“×”，并在涉及现金收支的方格内填写现金收支的具体数额。				
年末	支付利息/更新长期贷款/申请长期贷款				
	支付设备维护费				
	支付租金/购买厂房				
	计提折旧				
	新市场开拓/ISO 资格认证投资				
	结账				
19	期末现金对账（请填余额）				

第四年组间交易明细见表 3.34。

表 3.34 第四年组间交易明细表

时间		买入			卖出		
年	季度	产品	数量	金额	产品	数量	金额

第四年产品核算统计见表 3.35。

表 3.35 第四年产品核算统计表

类别	P1	P2	P3	P4	合计
数量					
销售额					
成本					
毛利					

第四年综合管理费用明细见表3.36。

表3.36　第四年综合管理费用明细表

项目	金额	备注
管理费		
广告费		
维修费		
租金		
转产费		
市场准入		□区域　□国内　□亚洲　□国际
ISO资格认证		□ISO9000　□ISO14000
产品研发		P2（　）　P3（　）　P4（　）
其他		
合计		

第四年利润表见表3.37。

表3.37　第四年利润表

项目	计算关系	上年数	本年数
销售收入	+		
直接成本	-		
毛利	=		
综合费用	-		
折旧前利润	=		
折旧	-		
支付利息前利润	=		
财务收入/支出	+/-		
额外收入/支出	+/-		
税前利润	=		
所得税	-		
净利润	=		

第四年资产负债见表 3. 38。

表 3. 38　第四年资产负债表

资产	计算关系	期初数	期末数	负债+权益	计算关系	期初数	期末数
流动资产：				负债：			
现金	+			长期负债	+		
应收款	+			短期负债	+		
在制品	+			应付款	+		
成品	+			应交税	+		
原料	+						
流动资产合计	=			负债合计	=		
固定资产：				所有者权益：			
土地和建筑	+			股东资本	+		
机器设备	+			利润留存	+		
在建工程	+			年度净利	+		
固定资产合计	=			所有者权益	=		
总资产	=			负债+权益	=		

5. 工作任务 5 第五年模拟经营

（1）工作活动。

工作活动一：年初 4 项操作。

工作活动二：第 1 季度经营。

工作活动三：第 2 季度经营。

工作活动四：第 3 季度经营。

工作活动五：第 4 季度经营。

工作活动六：年末 6 项操作。

工作活动七：填写产品核算表、综合费用表、利润表、资产负债表。

（2）活动思考。

问题：采用的是什么借款方式？是否合理？

（3）活动实施。

根据第五年模拟经营填制下列各表。

第五年广告竞单见表 3.39。

表 3.39　第五年广告竞单表

产品	本地	区域	国内	亚洲	国际
P1					
P2					
P3					
P4					
ISO9000 认证					
ISO14000 认证					

第五年订单登记见表 3.40。

表 3.40　第五年订单登记表

订单号										合计	
市场											
产品											
数量											
账期											
销售额											
成本											
毛利											
罚款											

注：销售额、成本、毛利三项数据在交货时填写。

第五年现金预算见表 3.41。

表 3.41　第五年现金预算表

项目	1	2	3	4
期初库存现金				
支付上年应交税				
市场广告投入				
贴现费用				
支付短期贷款利息				
支付到期短期贷款				
原料采购支付现金				
转产费用				
生产线投资				
支付加工费				
产品研发投资				
收到现金前的所有支出				
应收款到期				
支付管理费用				
支付长期贷款利息				
支付到期长期贷款				
设备维护费用				
租金				
购买新建筑				
市场开拓投资				
ISO 认证投资				
其他				
库存现金余额				

第五年企业运营记录见表 3.42。

表 3.42 第五年企业运营记录表

操作顺序	请按顺序执行下列各项操作。每执行完一项操作，在对应的方格内画“√”或“×”，并在涉及现金收支的方格内填写现金收支的具体数额。				
年初	新年度规划会议				
	参加订货会/支付广告费/登记销售订单				
	制订新年度计划				
	支付应付税				
1	季初现金盘点（请填余额）				
2	更新短期贷款/还本付息/申请短期贷款（紧急贷款）				
3	更新应付款/归还应付款				
4	原材料入库/更新原料订单				
5	下原料订单				
6	更新生产/完工入库				
7	投资新生产线/变卖生产线/生产线转产				
8	向其他企业购买原材料/出售原材料				
9	开始下一批生产				
10	更新应收款/应收款收现				
11	出售厂房				
12	向其他企业购买成品/出售成品				
13	按订单交货				
14	产品研发投资				
15	支付行政管理费				
16	其他现金收支情况登记				
17	现金收入合计				
18	现金支出合计				

表3.42(续)

操作顺序	请按顺序执行下列各项操作。每执行完一项操作，在对应的方格内画“√”或“×”，并在涉及现金收支的方格内填写现金收支的具体数额。				
年末	支付利息/更新长期贷款/申请长期贷款				
	支付设备维护费				
	支付租金/购买厂房				
	计提折旧				
	新市场开拓/ISO 资格认证投资				
	结账				
19	期末现金对账（请填余额）				

第五年组间交易明细见表 3.43。

表 3.43　第五年组间交易明细表

时间		买入			卖出		
年	季度	产品	数量	金额	产品	数量	金额

第五年产品核算统计见表 3.44。

表 3.44　第五年产品核算统计表

	P1	P2	P3	P4	合计
数量					
销售额					
成本					
毛利					

第五年综合管理费用明细见表 3. 45。

表 3. 45　第五年综合管理费用明细表

项目	金额	备注
管理费		
广告费		
维修费		
租金		
转产费		
市场准入		□区域　□国内　□亚洲　□国际
ISO 资格认证		□ISO9000　□ISO14000
产品研发		P2（　）　P3（　）　P4（　）
其他		
合计		

第五年利润见表 3. 46。

表 3. 46　第五年利润表

项目	计算关系	上年数	本年数
销售收入	+		
直接成本	-		
毛利	=		
综合费用	-		
折旧前利润	=		
折旧	-		
支付利息前利润	=		
财务收入/支出	+/-		
额外收入/支出	+/-		
税前利润	=		
所得税	-		
净利润	=		

第五年资产负债见表 3.47。

表 3.47　第五年资产负债表

资产	计算关系	期初数	期末数	负债+权益	计算关系	期初数	期末数
流动资产：				负债：			
现金	+			长期负债	+		
应收款	+			短期负债	+		
在制品	+			应付款	+		
成品	+			应交税	+		
原料	+						
流动资产合计	=			负债合计	=		
固定资产：				所有者权益：			
土地和建筑	+			股东资本	+		
机器设备	+			利润留存	+		
在建工程	+			年度净利	+		
固定资产合计	=			所有者权益	=		
总资产	=			负债+权益	=		

6. 工作任务 6 第六年模拟经营

（1）工作活动。

工作活动一：年初 4 项操作。

工作活动二：第 1 季度经营。

工作活动三：第 2 季度经营。

工作活动四：第 3 季度经营。

工作活动五：第 4 季度经营。

工作活动六：年末 6 项操作。

工作活动七：填写产品核算表、综合费用表、利润表、资产负债表。

（2）活动思考。

问题：你们的主打产品是什么？企业主要依靠哪个产品挣钱？哪个市场是经营的重点？

（3）活动实施。

根据第六年模拟经营填制下列各表。

第六年广告竞单见表 3.48。

表 3.48　第六年广告竞单表

产品	本地	区域	国内	亚洲	国际
P1					
P2					
P3					
P4					
ISO9000 认证					
ISO14000 认证					

第六年订单登记见表 3.49。

表 3.49　第六年订单登记表

订单号										合计	
市场											
产品											
数量											
账期											
销售额											
成本											
毛利											
罚款											

注：销售额、成本、毛利三项数据在交货时填写。

第六年现金预算见表 3. 50。

表 3. 50　第六年现金预算表

项目	1	2	3	4
期初库存现金				
支付上年应交税				
市场广告投入				
贴现费用				
支付短期贷款利息				
支付到期短期贷款				
原料采购支付现金				
转产费用				
生产线投资				
支付加工费				
产品研发投资				
收到现金前的所有支出				
应收款到期				
支付管理费用				
支付长期贷款利息				
支付到期长期贷款				
设备维护费用				
租金				
购买新建筑				
市场开拓投资				
ISO 认证投资				
其他				
库存现金余额				

第六年企业运营记录表见表 3.51。

表 3.51 第六年企业运营记录表

操作顺序	请按顺序执行下列各项操作。每执行完一项操作，在对应的方格内画“√”或“×”，并在涉及现金收支的方格内填写现金收支的具体数额。				
年初	新年度规划会议				
	参加订货会/支付广告费/登记销售订单				
	制订新年度计划				
	支付应付税				
1	季初现金盘点（请填余额）				
2	更新短期贷款/还本付息/申请短期贷款（紧急贷款）				
3	更新应付款/归还应付款				
4	原材料入库/更新原料订单				
5	下原料订单				
6	更新生产/完工入库				
7	投资新生产线/变卖生产线/生产线转产				
8	向其他企业购买原材料/出售原材料				
9	开始下一批生产				
10	更新应收款/应收款收现				
11	出售厂房				
12	向其他企业购买成品/出售成品				
13	按订单交货				
14	产品研发投资				
15	支付行政管理费				
16	其他现金收支情况登记				
17	现金收入合计				
18	现金支出合计				

表3.51(续)

操作顺序	请按顺序执行下列各项操作。每执行完一项操作，在对应的方格内画“√”或“×”，并在涉及现金收支的方格内填写现金收支的具体数额。				
年末	支付利息/更新长期贷款/申请长期贷款				
	支付设备维护费				
	支付租金/购买厂房				
	计提折旧				
	新市场开拓/ISO 资格认证投资				
	结账				
19	期末现金对账（请填余额）				

第六年组间交易明细见表 3.52。

表 3.52　第六年组间交易明细表

时间		买入			卖出		
年	季度	产品	数量	金额	产品	数量	金额

第六年产品核算统计见表 3.53。

表 3.53　第六年产品核算统计表

项目	P1	P2	P3	P4	合计
数量					
销售额					
成本					
毛利					

第六年综合管理费用明细见表 3.54。

表 3.54 第六年综合管理费用明细表

项目	金额	备注
管理费		
广告费		
维修费		
租金		
转产费		
市场准入		□区域 □国内 □亚洲 □国际
ISO 资格认证		□ISO9000 □ISO14000
产品研发		P2（ ） P3（ ） P4（ ）
其他		
合计		

第六年利润见表 3.55。

表 3.55 第六年利润表

项目	计算关系	上年数	本年数
销售收入	+		
直接成本	-		
毛利	=		
综合费用	-		
折旧前利润	=		
折旧	-		
支付利息前利润	=		
财务收入/支出	+/-		
额外收入/支出	+/-		
税前利润	=		
所得税	-		
净利润	=		

第六年资产负债表见表 3.56。

表 3.56　第六年资产负债表

资产	计算关系	期初数	期末数	负债+权益	计算关系	期初数	期末数
流动资产：				负债：			
现金	+			长期负债	+		
应收款	+			短期负债	+		
在制品	+			应付款	+		
成品	+			应交税	+		
原料	+				+		
流动资产合计	=			负债合计	=		
固定资产：				所有者权益：			
土地和建筑	+			股东资本	+		
机器设备	+			利润留存	+		
在建工程	+			年度净利	+		
固定资产合计	=			所有者权益	=		
总资产	=			负债+权益	=		

五、学习自测与评价总结

（一）学习自测

测试 1：试分析为什么资产=负债+所有者权益？

测试 2：请说明企业经营的本质。

测试3：请说明长期贷款和短期贷款各自的用途。

测试4：请说明什么是全成本核算，如何降低成本？

（二）总结评价

根据小组模拟经营表现评分，打分表见表3.57。

表3.57 评价打分表

评价指标	评价内容	分值	自评打分	互评打分	教师打分
学习能力	能够根据自己已有的知识经验，较准确地理解与工作任务相关的新知识	20			
思维能力	能够从不同的角度提出问题，并考虑解决问题的方法	10			
创新能力	在小组讨论中能够与他人交流自己的想法，在较充分论述可行性基础上做到标新立异	10			
表达能力	能够较准确阐述工作任务和自己对相关问题的认识与观点	20			
小组协作能力	能够为小组提供信息，质疑，提出方法，阐明观点	10			

表3.57(续)

评价指标	评价内容	分值	自评打分	互评打分	教师打分
实践操作能力	能够较准确完成工作任务及活动内容	30			
总分		100			

团队协作考评见表3.58。

表3.58　团队协作考评表

角色	自评	互评1	互评2
总经理	□5分 □4分 □3分 □2分 □1分 □0分	□5分 □4分 □3分 □2分 □1分 □0分	□5分 □4分 □3分 □2分 □1分 □0分
采购总监	□5分 □4分 □3分 □2分 □1分 □0分	□5分 □4分 □3分 □2分 □1分 □0分	□5分 □4分 □3分 □2分 □1分 □0分
生产总监	□5分 □4分 □3分 □2分 □1分 □0分	□5分 □4分 □3分 □2分 □1分 □0分	□5分 □4分 □3分 □2分 □1分 □0分
营销总监	□5分 □4分 □3分 □2分 □1分 □0分	□5分 □4分 □3分 □2分 □1分 □0分	□5分 □4分 □3分 □2分 □1分 □0分
财务总监	□5分 □4分 □3分 □2分 □1分 □0分	□5分 □4分 □3分 □2分 □1分 □0分	□5分 □4分 □3分 □2分 □1分 □0分
财务助理	□5分 □4分 □3分 □2分 □1分 □0分	□5分 □4分 □3分 □2分 □1分 □0分	□5分 □4分 □3分 □2分 □1分 □0分

注：从团队中选择两名成员进行互评。

评分标准：

1. 团队协作意识很强，积极主动协助出色完成工作任务。(5分)

2. 团队意识较强，能够与团队成员保持良好合作关系，主动协助完成工作任务。(4分)

3. 团队意识一般，仅在成员要求时才协助完成工作任务。(3分)

4. 团队意识较差，协助时偶尔发牢骚，只能根据成员的请求提供一般的协助。(2分)

5. 团队意识很差，协助时经常发牢骚，挑挑拣拣。(1分)

6. 毫无团队意识，请求协作时推三推四，事不关己，高高挂起。(0分)

根据各项任务完成情况、学习效果等撰写学习总结。

学习报告

第三篇

电子沙盘模拟经营

项目四 ERP电子沙盘教学模拟经营

一、项目概述

本项目将开启贝腾“创业之星”电子沙盘模拟经营的学习。“创业之星”电子沙盘系统旨在培育学生的系统管理决策能力，学生在学习、熟悉该系统的操作规范、流程和运营规则后，将按照统一要求独立完成两个季度的教学模拟经营。

二、学习目标

（一）素质目标

1. 培养系统思维。
2. 培养认真仔细、善于思考、勇于创新的专业素质。

（二）知识目标

1. 掌握电子沙盘模拟经营操作流程，明确关键点和易错点。
2. 掌握现金预算方法。

（三）能力目标

1. 独立完成两个季度教学模拟经营。
2. 能进行现金预算。
3. 能准确计算原材料采购量。

三、知识准备

（一）班级创建与基础设置

步骤1：教师点击“创业之星”客户端，并以教师身份登陆，创建学习班级；

步骤2：进行学习班级基础设置，包括选择操作模板（见图4.1，教材以“智能手环”模板为例进行讲解）、设置小组数及市场规模。

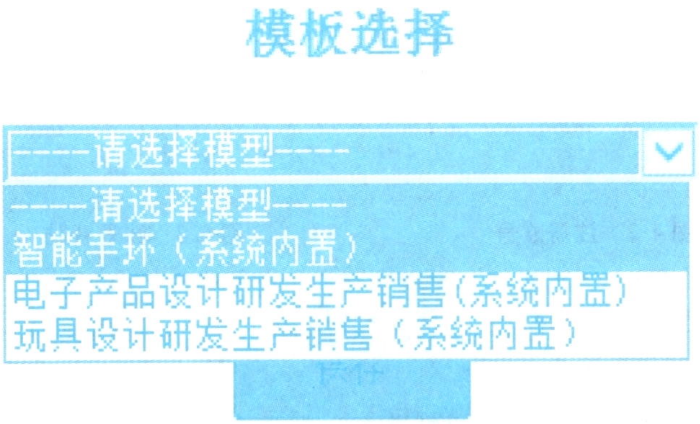

图4.1　系统操作模版选择

（二）系统注册与登陆

步骤1：点击创业之星客户端登陆并注册账号，点击右上方“注册”（见图4.2），设置账号密码。

步骤2：以注册账号重新登陆系统（见图4.3）并加入对应的教学班级。

图 4.2　注册账号

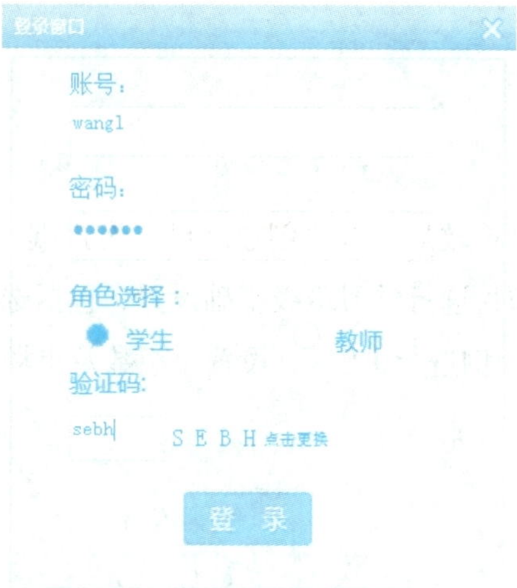

图 4.3　账号登陆

需要注意：

第一，账号必须唯一；

第二，注册成功后，重新登录即可进入；

第三，申请班级时应选择对应教师及对应班级（见图 4.4）。

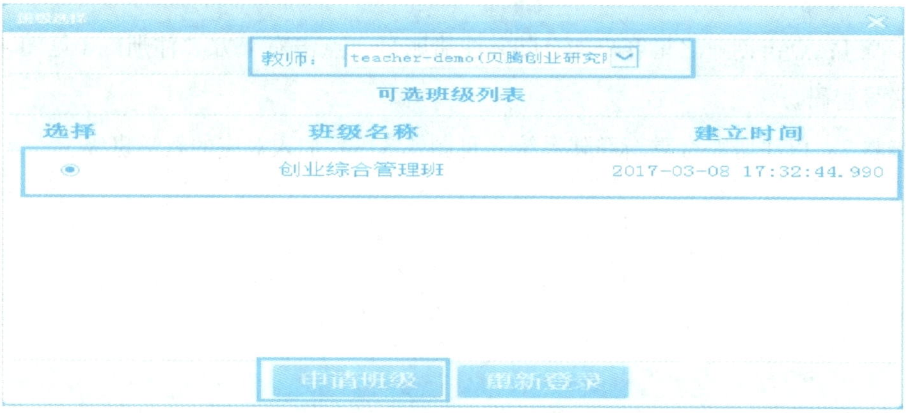

图 4.4　申请加入学习班级

第四，学生账号只需注册一次，即可加入不同教师管理的不同班级，但同一时间只能进入一个班级。进入对应的班级后，将看到如图 4.5 所示的操作界面。

图 4.5　准备开始实验

步骤 3：教师根据班级人数设置小组数，引导学生加入（见图 4.6），并将角色设置为“总经理（CEO）”（与“学创杯”比赛要求一致，见图 4.7）。

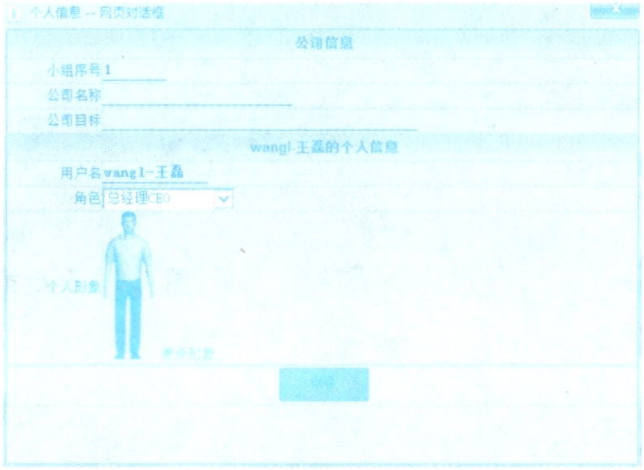

图 4.6　选择小组　　　　图 4.7　公司基本信息登记

步骤 4：学生选择任意小组进入并设置好角色后，将来到如图 4.8 所示的操作界面。

图 4.8　系统操作主界面

步骤 5：教师点击“实验控制”，在左边的各项任务栏中选择“任务进度控制”选项，点击“进入第 1 季度”（见图 4.9），就可以开始第 1 季度的经营（见图 4.10）。

图 4.9　开启第 1 季度经营

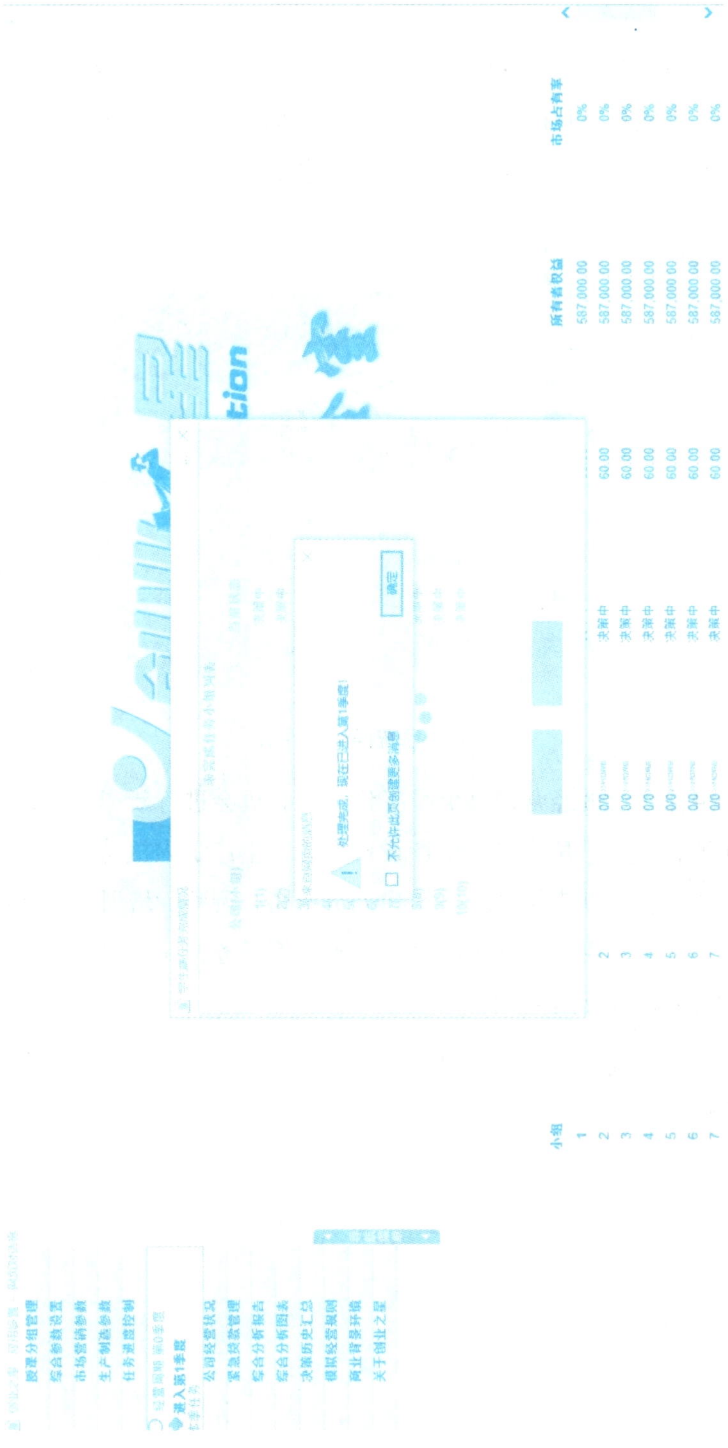

图4.10　正式进入第1季度经营

（三）学习运营规则

学生以总经理身份开始实验操作。教师带领学生认知软件操作界面及各模块内容，并学习运营规则；在操作主页面中依次查看“运营场景”“实验规则”和“实验记录”（见图 4.11），操作者在系统中的任何一项操作信息都将在实验记录中予以呈现。

图 4.11　系统操作主界面

公司将经历 4 个季度的经营，每个季度公司都有机会进行新产品设计，新产品研发，产品原料采购，生产厂房变更，生产设备变更，生产工人招聘、调整、培训，产品生产，产品广告宣传，新市场开发，销售人员招聘、调整、培训，产品订单报价等经营活动，每个团队都需要仔细分析讨论每一步决策任务，并形成一致的决策意见输入计算机。模拟经营流程见图 4.12。

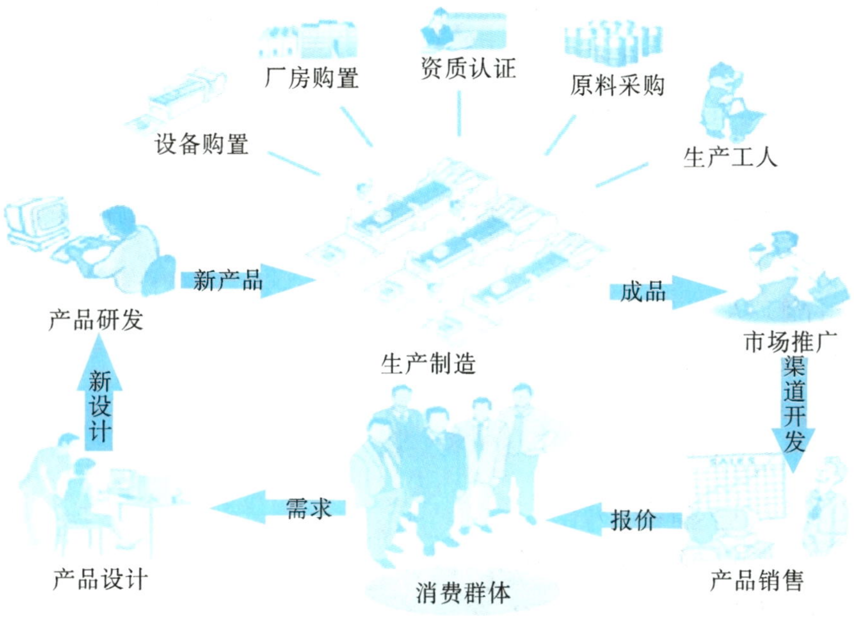

图 4.12 模拟经营流程

1. 企业基本情况、运营流程与数据规则

(1) 企业基本情况。

大家即将开始经营一家从事研究、开发、生产、批发及零售智能手环产品业务的公司，目前已经有 N（根据参与的小组数确定）家企业进入这个行业，你们将与其他企业展开激烈的市场竞争，当然也会有合乎各自利益的双赢合作。每个公司在经营之初，都将拥有一笔来自股东的 600 000 元的创业资金，用以展开各自的经营。

(2) 季度运营操作流程。

学生在进行以下各项操作，应依序而行，确保不遗漏任何一项内容。

①财务部决策：银行贷款、贴现；

②市场部决策：市场开发；

③研发部决策：产品设计、产品研发；

④制造部决策：厂房购置、设备购置；

⑤人力资源部决策：招聘（或调整）工人、招聘销售、签订合同；

⑥销售部决策：产品报价；

⑦制造部决策：原料采购（包括原材料预购）、投料生产；

⑧制造部决策：资质认证；

⑨市场部决策：广告宣传；

⑩制造部决策：订单交付。

每季度经营结束后，在季度末系统将自动进行季度结算，结算先后顺序如下：

①支付产品制造费用；

②支付管理人员工资和五险；

③更新设备搬迁；

④更新设备升级；

⑤更新厂房出售、设备出售；

⑥更新生产工人培训；

⑦扣除生产工人未签订合同罚金；

⑧扣除销售人员未签订合同罚金；

⑨扣除行政管理费用；

⑩辞退生产工人；

⑪辞退销售人员；

⑫出售生产设备；

⑬出售厂房或厂房退租；

⑭检查并扣除未交货订单违约金；

⑮银行还贷；

⑯紧急贷款。

进入下一季度后，在季度初系统将自动依次进行以下操作：

①检查上季度未分配和未完成交付的订单数量，并转移到当前季度；

②公司注册费用（一季度扣除）；

③计算公司应收账款，并收取；

④计算公司应付账款，并支付；

⑤计算上季度营业税，并支付；

⑥扣除上季度增值税、城建税、所得税、教育附加税、地方教育附加税；

⑦扣除办公室租金；

⑧更新原料到货状态；

⑨更新预付账款状态；

⑩紧急贷款。

（3）数据规则。

模拟经营数据规则见表 4.1。

表 4.1　模拟经营数据规则

项目	当前值	说明
公司初始现金	600 000.00	正式经营开始之前每家公司获得的注册资金（实收资本）
公司注册设立费用	3 000.00	公司设立开办过程中所发生的所有相关的费用。该笔费用在第一季度初自动扣除
办公室租金	10 000.00	公司租赁办公场地的费用，每季度初自动扣除当季的租金
所得税率	25.00%	企业经营当季如果有利润，按该税率在下季初缴纳所得税
营业税率	0.00%	根据企业营业外收入总额，按该税率缴纳营业税
增值税率	17.00%	按该税率计算企业在采购商品时所支付的增值税款，即进项税，以及企业销售商品所收取的增值税款，即销项税额
城建税率	7.00%	根据企业应缴纳的增值税、营业税，按该税率缴纳城市建设维护税
教育附加税率	3.00%	根据企业应缴纳的增值税、营业税，按该税率缴纳教育附加税
地方教育附加税率	2.00%	根据企业应缴纳的增值税、营业税，按该税率缴纳地方教育附加税
行政管理费	1 000.00 元/1 人	公司每季度运营的行政管理费用
小组人员工资	10 000.00/组	小组管理团队所有人员的季度工资，不分人数多少
养老保险比率	20.00%	根据工资总额按该比率缴纳养老保险费用
失业保险比率	2.00%	根据工资总额按该比率缴纳失业保险费用
工伤保险比率	0.50%	根据工资总额按该比率缴纳工伤保险费用
生育保险比率	0.60%	根据工资总额按该比率缴纳生育保险费用
医疗保险比率	11.50%	根据工资总额按该比率缴纳医疗保险费用

表4.1(续)

项目	当前值	说明
未签订合同罚款	2 000.00/人	在入职后没有给员工签订合同的情况下按该金额缴纳罚款
普通借款利率	5.00%	正常向银行申请借款的利率
普通借款还款周期（季度）	3	普通借款还款周期
紧急借款利率	20.00%	公司资金链断裂时，系统会自动给公司申请紧急借款时的利率
紧急借款还款周期（季度）	3	紧急借款还款周期
同期最大借款授信额度	200 000.00	同一个周期内，普通借款允许的最大借款金额
一账期应收账款贴现率	3.00%	在一个季度内到期的应收账款贴现率
二账期应收账款贴现率	6.00%	在二个季度内到期的应收账款贴现率
三账期应收账款贴现率	8.00%	在三个季度内到期的应收账款贴现率
四账期应收账款贴现率	10.00%	在四个季度内到期的应收账款贴现率
公司产品上限	8个	每个公司最多能设计研发的产品数量
厂房折旧率	2.00%	每季度按该折旧率对购买的厂房原值计提折旧
设备折旧率	5.00%	每季度按该折旧率对购买的设备原值计提折旧
未交付订单的罚金比率	30.00%	未按订单额及时交付的订单，按该比率对未交付的部分缴纳处罚金，订单违约金=（该订单最高限价×未交付订单数量）×该比例
产品设计费用	30 000.00	产品设计修改的费用
产品研发每期投入	20 000.00	产品研发每期投入的资金
广告累计影响时间	3季度	投入广告后能够对订单分配产生影响的时间
紧急贷款扣分	5.00分/次	出现一次紧急贷款，综合分值扣除的分数，累计计算
每个产品改造加工费	20.0元	订单交易时，原始订单报价产品与买方接受订单的产品之间功能差异的改造的加工费。单个产品改造费=买方产品比卖方产品少的原料配制无折扣价之和+差异数量×产品改造加工费
每期广告最低投入	1 000.00元	每期广告最低投入，小于该数额将不允许投入
每期组间交易每期限制金额	10 000.00元	每期组间交易每期限制金额。买入+卖出的原料和订单总金额不能超过此限制

表4.1(续)

项目	当前值	说明
组间交易信息公示时间(分钟)	5 分钟	组间交易信息公示时间（分钟），在此时间内，发布交易信息者不能结束交易
订单报价，最低价比例	60.00%	订单报价，最低价比例。最低价=上季度同一市场同一渠道同一消费群体所有报价产品平均数＊该比例

2. 消费需求、产品评价与订单分配

（1）消费需求分析与预测。

每个季度，不同市场区域的不同销售渠道都包含了多个消费群体的不同数量的潜在市场需求，所有公司都可以通过营销渠道把自己的产品销售给这些消费者。当然，消费者也将根据自身需求及其他多方面因素在众多厂家中选择自己钟爱的产品。此外，也有可能出现厂家的产品供不应求的情况，部分消费者的需求将暂时无法得到满足，这些暂时未得到满足的消费者，他们将在后续季度继续寻找自己想要的产品，但如果某些市场区域大量的消费者持续得不到产品满足，该市场的需求总量增长将逐渐放缓。

图4.13以华东市场为例展示该市场各消费群体消费需求在6个季度中的变化情况。华东市场产品价格走势如图4.14所示。

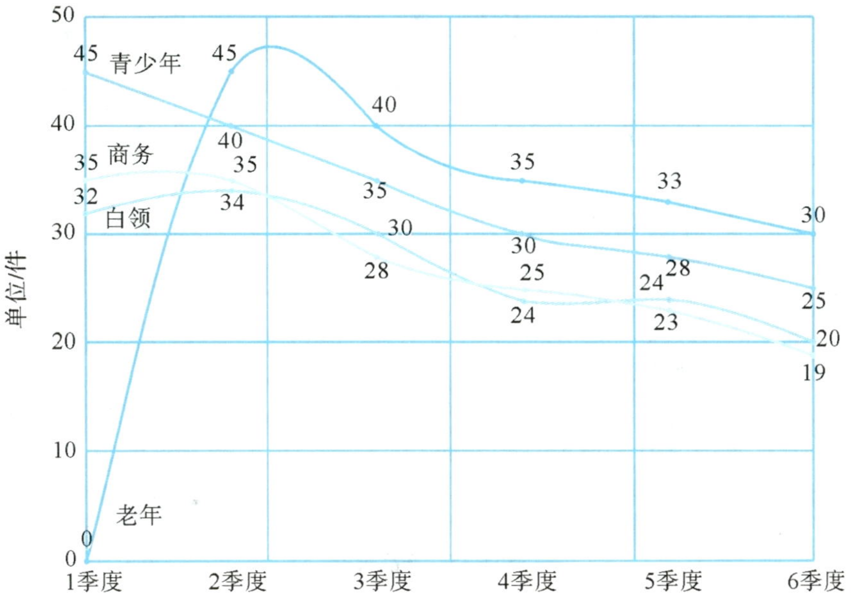

图4.13　华东市场消费需求变化

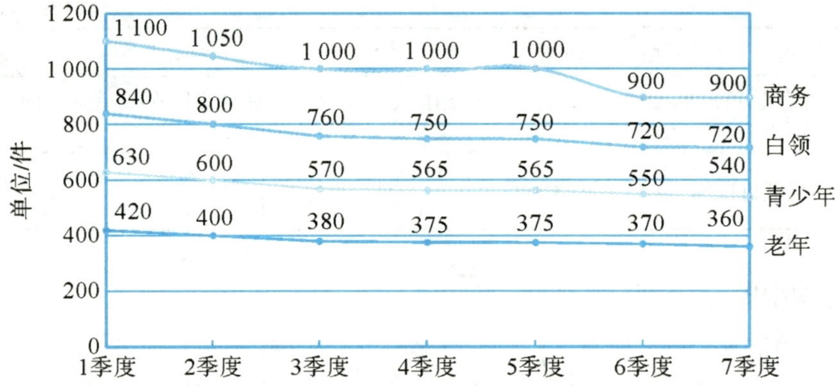

图 4.14　华东市场产品价格走势

进入销售部，查看决策内容中的产品报价（见图 4.15），根据本季度市场总需求情况即购买量和实际参与的小组数，进行销售预测。某市场某产品平均订单量=该市场该群体整体购买量/小组数或产品数量（当小组数和产品数量不相同时，应依据产品数量进行计算）；进入“市场部”后依次点击“市场报告”“广告投放”，可以查询到面向各个消费群体的产品数量（图 4.16）。销售预测可以指导制订生产计划，从而制订厂房、设备、原料等的购置计划。

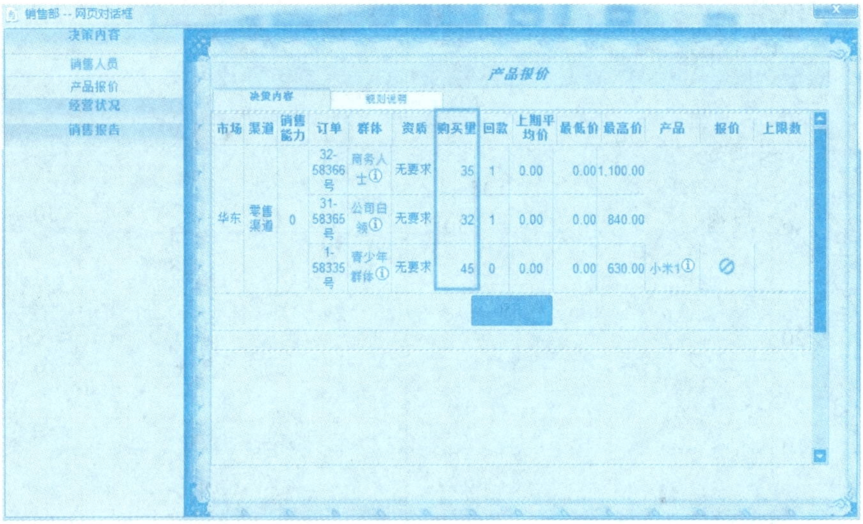

图 4.15　产品报价

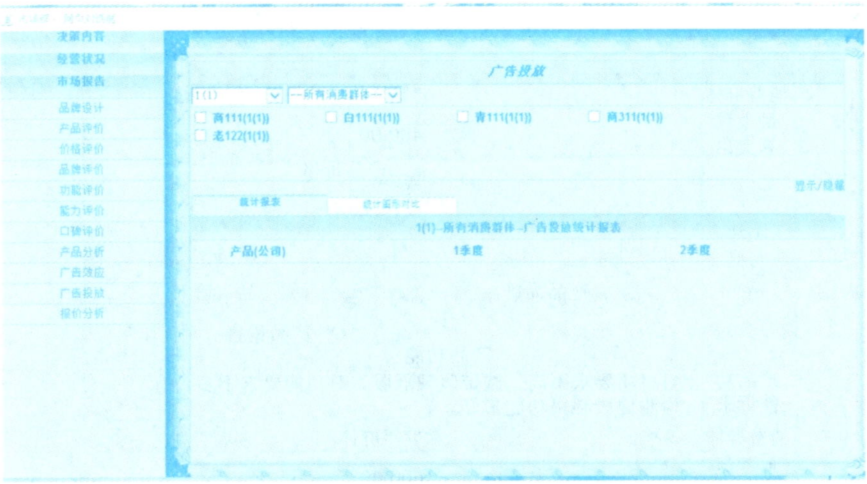

图 4.16　产品数量查询

（2）消费者产品评价。

不同消费群体对产品的关注与侧重点是有差异的，消费者将围绕以下五个方面进行产品评价（见表 4.2）。

表 4.2　消费者产品评价指标

评价指标	指标内容
产品价格	产品价格是指公司销售产品时所报价格，与竞争对手相比，价格越低越能获得消费者的认可
产品功能	产品功能主要指每个公司设计新产品时选定的功能配置表（BOM 表），与竞争对手相比，产品的功能越符合消费者的功能诉求就越能得到消费者的认可
产品品牌	产品品牌由公司市场部门在产品上所投入的累计宣传广告量决定，与竞争对手相比，累计投入广告越多，产品品牌知名度就越高，越能获得消费者认可
产品口碑	产品口碑是指该产品的历史销售情况，与竞争对手相比，其产品累计销售的数量、产品订单交付完成率越高消费者对产品的认可就越高
产品销售	产品销售是指公司当前销售产品所具备的总销售能力，与竞争对手相比，总销售能力越高，获得消费者认可也越高

这五个评价指标对于不同消费群体而言，重要性不尽相同，具体情况见表 4.3。因此需要特别关注不同消费群体所关注的重点指标，从而设计合理的企业经营方案。

消费者选择产品的基本原则：围绕这五个评价指标对各参与公司的产品进行评分，总分高的产品将获得更多的订单，分值低的产品只能获得较少的订单。

表 4.3　各消费群体对产品评价的差异

<table>
<tr><td>消费群体</td><td>老年群体</td></tr>
<tr><td>最大预算支出</td><td>400.00</td></tr>
<tr><td>关注与侧重点</td><td>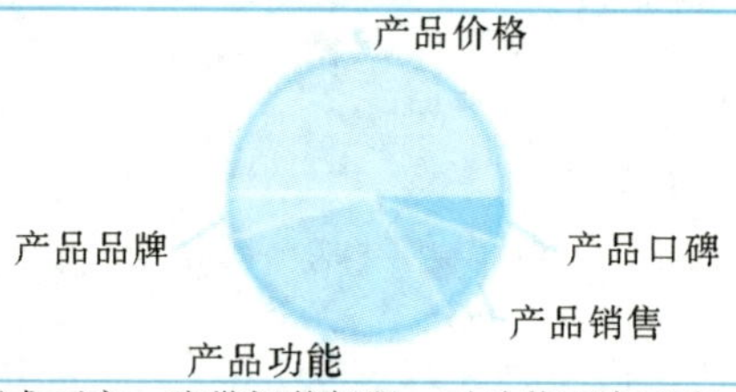
</td></tr>
<tr><td>产品功能诉求</td><td>对材质要求不高，腕带佩戴舒服，对功能要求不多，有检测健康心率功能最好。</td></tr>
<tr><td>消费群体</td><td>青少年群体</td></tr>
<tr><td>最大预算支出</td><td>600.00</td></tr>
<tr><td>关注与侧重点</td><td>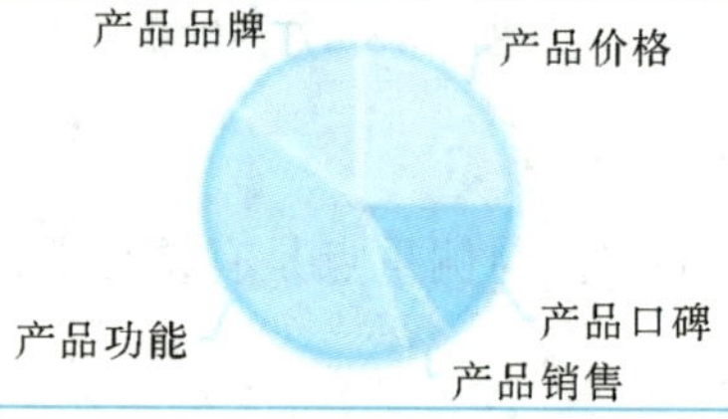
</td></tr>
<tr><td>产品功能诉求</td><td>喜欢颜色鲜艳、外观炫酷，待机时间越长越好，喜欢运动风格。</td></tr>
<tr><td>消费群体</td><td>公司白领</td></tr>
<tr><td>最大预算支出</td><td>800.00</td></tr>
<tr><td>关注与侧重点</td><td>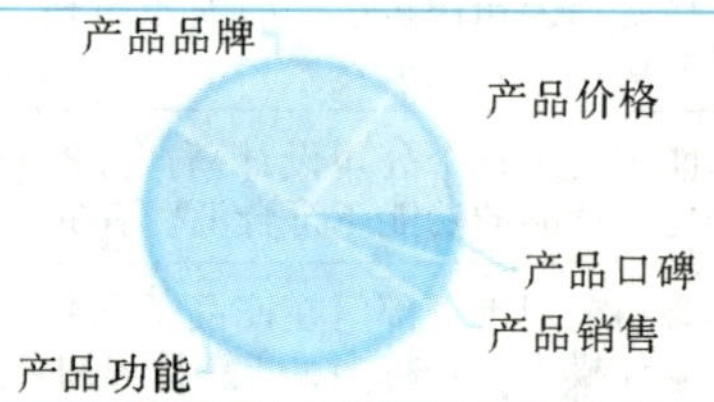
</td></tr>
<tr><td>产品功能诉求</td><td>喜欢屏幕轻薄，佩戴舒适，待机时间长，喜欢锻炼，喜欢分享定位。</td></tr>
<tr><td>消费群体</td><td>商务人士</td></tr>
<tr><td>最大预算支出</td><td>1 000.00</td></tr>
<tr><td>关注与侧重点</td><td>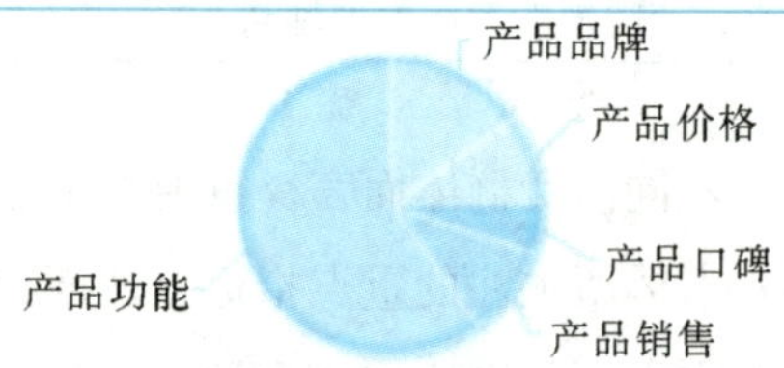
</td></tr>
<tr><td>产品功能诉求</td><td>喜欢高端，材质高档，待机时间长，对新的技术比较喜欢。</td></tr>
</table>

(3) 订单分配规则。

下面以一个订单分配示例来说明规则。

假设华中市场老年产品总共有 1 000 个订单需求，现有 A、B、C 三家公司参与竞争，A 公司设 100 个上限，B 公司设 300 个上限，C 公司没有设置上限。在第一轮订单分配中，根据五个指标的总分值，A 公司应该可以拿到 150 个，B 公司应该可以拿到 450 个，C 公司应该可以拿到 400 个，合计正好是 1 000 个。但由于 A 公司设置了 100 个的上限，所以最终实际拿到 100 个，B 公司设置了 300 的上限，所以最终实际拿到 300 个，C 公司没有设置上限，所以实际拿到 400 个，合计 800 个的需求在第一轮分配中已经被满足。对于 A、B 两家设置了上限的公司，共有 200 个的需求在第一轮竞争中没有得到满足，这 200 个未满足需求将继续参与二次选择。二次分配中，A、B 公司由于已经达到上限，将不再参与竞争，只剩下 C 公司竞争，C 公司就可以再拿到 200 个，此时 C 公司就累计达到 600 个。这样 A、B、C 三家公司最终实际的订单量就是 100、300、600，总共 1 000 个的需求全部得到满足。如果 C 公司也设置了上限，那就可能出现部分需求无法得到满足的情况，这部分需求将累计到下一季度。另外如果 A、B、C 公司中本期有违约未能交付的产品，也将一并累计到下一季度。

3. 产品设计与研发

(1) 产品设计。

不同消费群体具有不同的产品功能诉求，为了让产品获得更多的青睐，每个公司都需要根据这些功能诉求来设计新产品，产品设计也将决定新产品的直接原料成本以及新产品的研发难度。一般来说，产品功能越多，BOM 表越复杂，直接原料成本就越高，并且需要进行研发。

产品设计可以撤销或更改，但对于已经开始研发或研发完成的产品，其设计是不可更改的，每完成一个新产品设计需立即支付 30 000. 00 元的设计费用，每个公司最多可以设计 8 个产品。在公司的研发部完成新产品的设计（见图 4. 17）。

产品设计注意事项：①要为产品取一个响亮的名字，且不能与同场比赛中其他小组产品同名；②要锁定对应的目标消费群体；③根据目标消费群体对产品功能的需求，选择不同的原料；④设计错误，可以撤销，但如果该产品在研发中或生产中，或是已经投入广告、报价等，则无法撤销。

“创业之星”系统中的产品设计界面见图 4. 17。

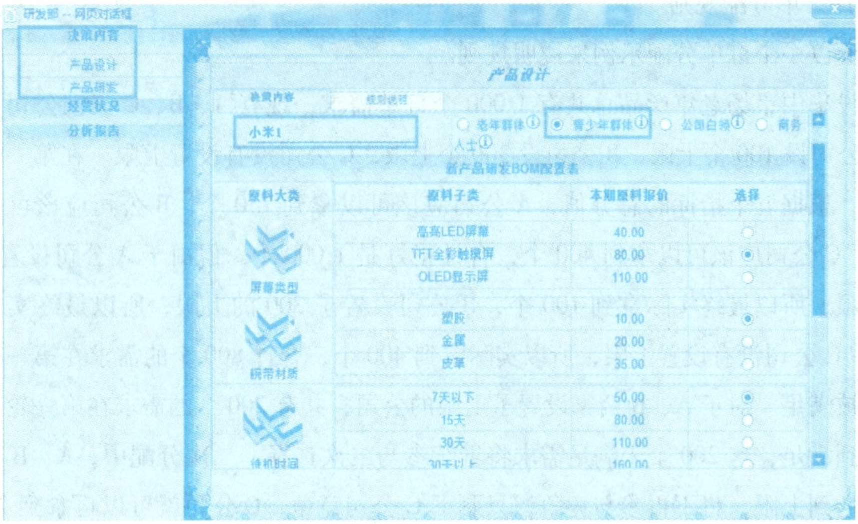

图 4.17　产品设计界面

（2）产品研发。

产品研发是对设计的新产品开展攻关、开发、测试等各项工作，每个产品每期的研发费用是 20 000 元，不同的产品设计差异导致产品研发所需的时间周期并不相同，所以所需的总研发费用也会不同。可以在公司的研发部完成新产品的研发。产品研发操作界面见图 4.18。

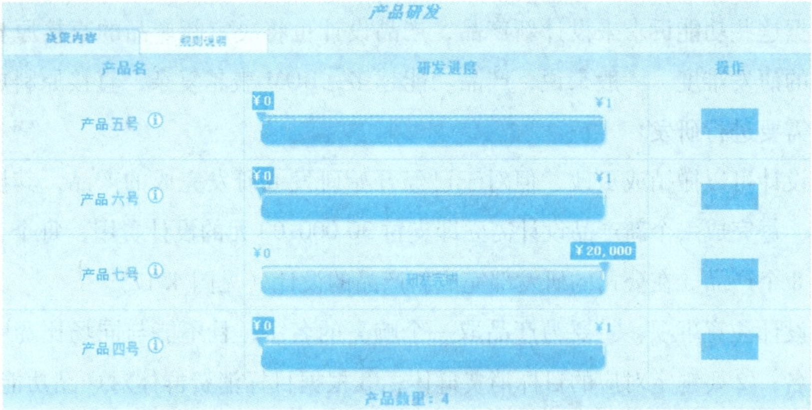

图 4.18　产品研发

4. 产品生产制造

（1）厂房购置。

企业可以选择租用或购买厂房。对于租用的厂房，每个季度初将自动支付相应的租金；对于购买的厂房，购买时即支付相应的现金，相关设置见图 4.19。

图 4.19　厂房购置

厂房可以退租或出售，操作人员可在系统提前申请，但厂房退租或出售的实际操作是在每个季度末完成，并且只有厂房内没有生产设备的情况下才能成功，退租后的厂房在下期将不再需要支付相应租金，出售厂房将以厂房净值回收现金。

不同类型厂房的具体参数见表 4.4。

表 4.4　不同类型厂房的具体参数

厂房类型	大厂房	中厂房	小厂房
容纳设备/个	6	4	2
购买价格/元	120 000	80 000	50 000
租用价格/元/季度	11 000	8 000	5 000
折旧率/%	2. 00	2. 00	2. 00

（2）设备购置。

系统中四种类型的生产线，生产线各项参数见表 4.5。

表 4.5　生产线参数表

设备名称	购买价格/元	成品率/%	安装周期	单件加工费/元	维护费用/元	升级周期	搬迁周期	设备产能	混合投料	生产周期	工人上限	升级费用/元	升级提升/%	搬迁费用/元
柔性线	120 000	90	1	10	3 000	1	1	500	是	0	5	1 000	1.00	4 000
自动线	100 000	85	1	20	2 500	1	1	400	是	0	4	1 000	2.00	3 000
半自动线	70 000	80	1	25	2 000	1	0	300	否	0	3	1 000	3.00	2 000
手工线	50 000	75	0	30	1 500	1	0	200	否	0	2	1 000	4.00	1 000

各种生产线参数解释如表 4.6 所示。

表 4.6　生产线参数说明

序号	项目	说明
1	购买价格	设备只能购买，购买当时即支付购买价格所标识的现金
2	设备产能	设备产能是指在同一个生产周期内最多能投入生产的产品数量
3	成品率	对于一批固定数量的原料，投入设备后，在加工成产品的过程中会产生部分次品，从而计算合格品占投入量的比例
4	混合投料	设备在同一生产周期内是否允许同时生产多种产品
5	安装周期	设备自购买当期开始到设备安装完成可用所需的时间
6	生产周期	原料投入直到产品下线所需的时间
7	单件加工费	加工每一件成品所需的加工费用
8	工人上限	每条设备允许配置的最大工人数，设备产能、成品率、线上工人总生产能力三个因素决定了一条设备的实际产能
9	维护费用	当设备不处于安装周期时，每季度需支付设备维护费用，该费用在每期期末自动扣除
10	升级费用	对设备进行一次设备升级所需花费的费用，该费用在升级当时即自动扣除，每台设备在同一个升级周期内只允许进行一次设备升级
11	升级周期	完成一次设备升级所需的时间
12	升级提升	设备完成一次升级后，设备成品率将在原有成品率基础上提升的百分比，升级后设备成品率=升级前设备成品率+每次升级可提升的成品率

表4.6(续)

序号	项目	说明
13	搬迁周期	设备从一个厂房搬迁到另一个厂房所需花费的时间
14	搬迁费用	设备从一个厂房搬迁到另一个厂房所需花费的费用，该费用在搬迁当时即自动扣除

（3）工人招聘与配置。

各家公司可以在人才市场内招聘生产工人。生产工人招聘参数说明见表 4.7。

表 4.7　生产工人招聘参数说明

序号	项目	说明
1	生产能力	工人在一个季度内所具有的最大生产能力
2	招聘费用	招聘一个工人所需花费的招聘费用，该笔费用在招聘时自动扣除
3	季度工资	支付给工人的工资，每个季度末自动支付
4	试用期	招聘后试用的时间，人力资源部需在试用期内与工人签订合同，否则将支付罚金
5	培训费用	每次培训一个工人所需花费的费用；每个工人每个季度最多只能做一次培训，工人培训由生产制造部提出，递交到人力资源部后进行实施，培训费用在实施时支付
6	培训提升	工人完成一次培训后，生产能力将在原有能力的基础上提升一定的百分比，培训后生产能力=培训前生产能力×（1+提升比率）
7	辞退补偿	试用期内辞退工人无需支付辞退补偿金，试用期满并正式签订合同后需支付辞退补偿金，一般在每个季度末实际辞退工人时实时支付

招聘的工人要安排到具体的、可正常使用的生产线上，还处于安装期的设备不能安排工人（见图 4.20）。招聘好人员后需要签订劳动合同（见图 4.21），未签订合同每人将被处以 2 000 元罚款，可点击“全部签订”。在签署劳动合同之前，可以撤销招聘。

图 4.20 生产工人招聘与配置

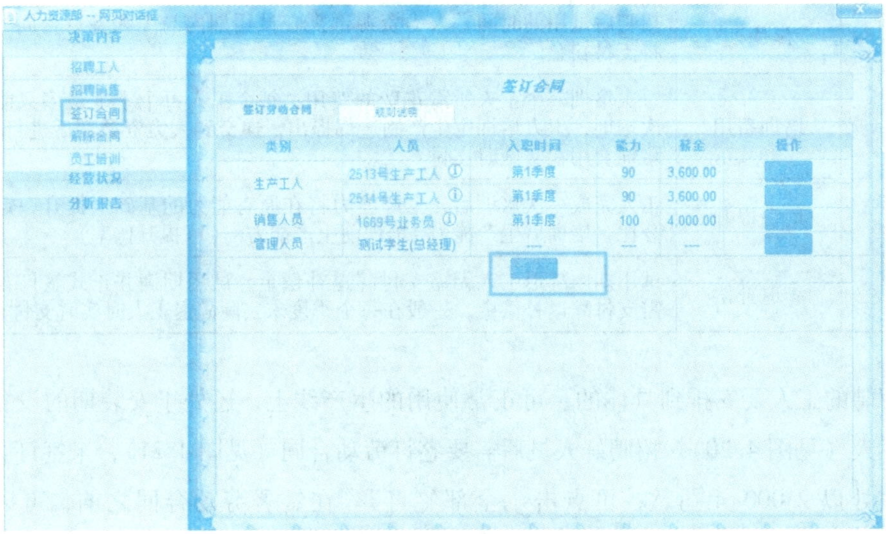

图 4.21 签订劳动合同

如图 4.22 所示，可以将工人调配到不同的可用生产线上（安装中不能调配）。并可提出培训或辞退申请，然后由人力资源部执行（见图 4.23）。鼠标放在上可查看详情。

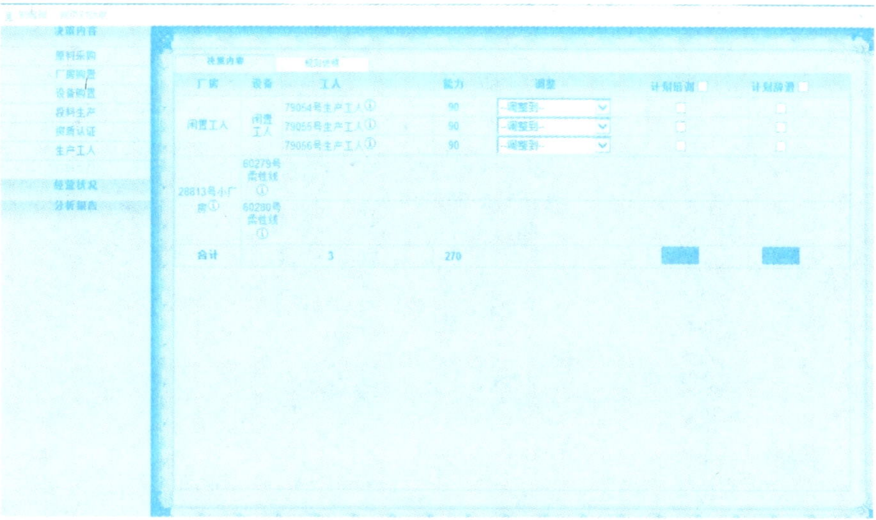

图 4.22　生产工人的调配

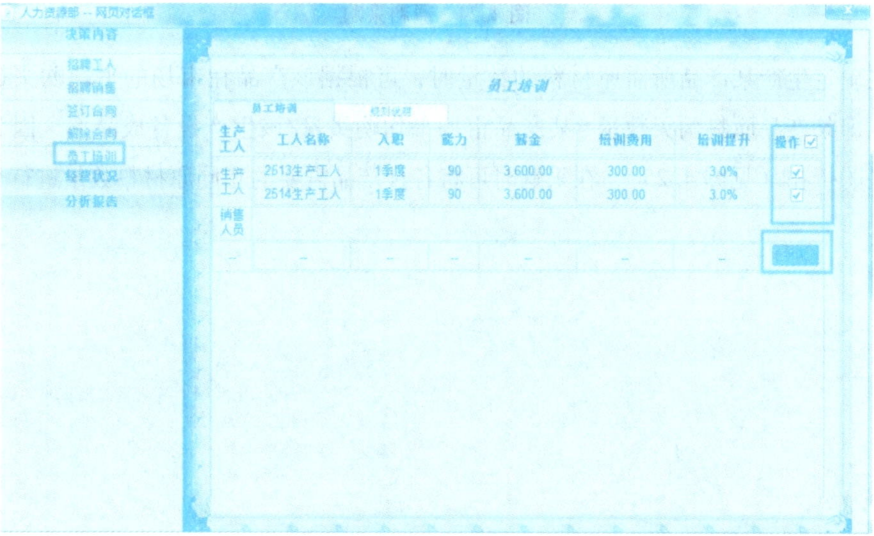

图 4.23　生产工人培训

（4）原料采购。

原料分为四个大类，具体包括“屏幕类型、腕带材质、待机时间、附加功能”，每个大类的原材料又包含多种明细原料。

如图 4.24 所示，原料到货周期为 0，即为现货，可随买随到随用；到货周期为 1，即需要提前预订，本季度订购后要到下季度才能到货，如果需要紧急采购，价格需要加价 50%。

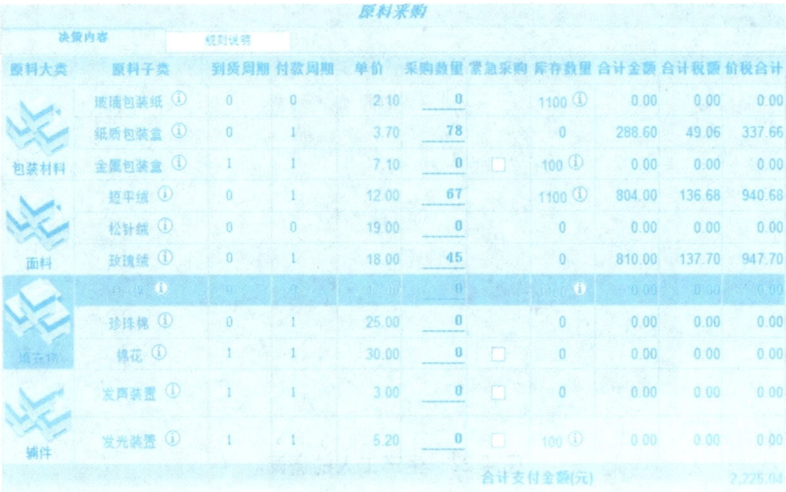

原料大类	原料子类	到货周期	付款周期	单价	采购数量	紧急采购	库存数量	合计金额	合计税额	价税合计
包装材料	玻璃包装纸	0	0	2.10	0		1100	0.00	0.00	0.00
	纸质包装盒	0	1	3.70	78		0	288.60	49.06	337.66
	金属包装盒	1	1	7.10	0	□	100	0.00	0.00	0.00
面料	短平绒	0	1	12.00	67		1100	804.00	136.68	940.68
	松针绒	0	0	19.00	0		0	0.00	0.00	0.00
	玫瑰绒	0	1	18.00	45		0	810.00	137.70	947.70
填充物	[illegible]	[illegible]	[illegible]	[illegible]	0		[illegible]	[illegible]	[illegible]	[illegible]
	珍珠棉	0	1	25.00	0		0	0.00	0.00	0.00
	棉花	1	1	30.00	0	□	0	0.00	0.00	0.00
辅件	发声装置	1	1	3.00	0	□	0	0.00	0.00	0.00
	发光装置	1	1	5.20	0	□	100	0.00	0.00	0.00
							合计支付金额(元)			2,225.04

图 4.24　原料采购

在确定生产某产品所需原材料的数量时，可根据该产品在市场的平均购买量进行估计，即某产品原料购买数量=某产品市场平均购买量/该生产设备成品率。因为存在批量采购折扣（见图 4.25），在采购时可将各种产品需要的相同原材料数量进行合并。

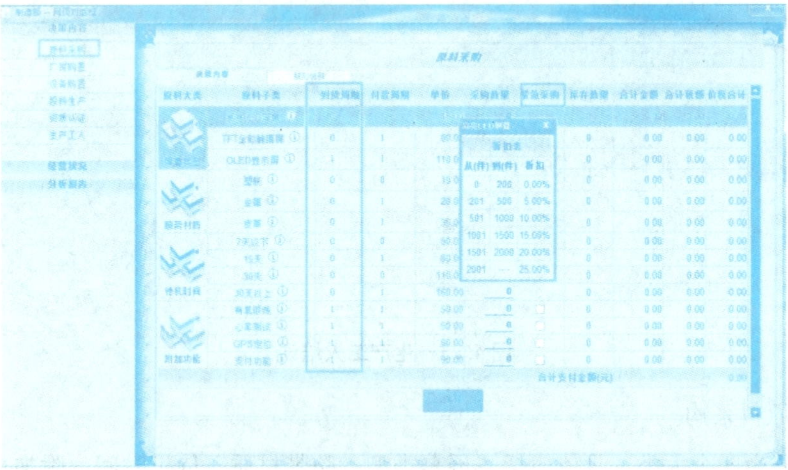

图 4.25　原料批量采购折扣

(5) 资质认证。

当市场进入成熟期后，市场上各类消费群体会对进入该市场的产品提出资质认证需求（见图4.26）。

市场	渠道	群体	认证类别	1季度	2季度	3季度	4季度	5季度	6季度	7季度	8季度
华东	零售渠道	老年群体	CCC认证					✓	✓	✓	✓
			SRRC认证							✓	✓
		青少年群体	CCC认证					✓	✓	✓	✓
			SRRC认证						✓	✓	✓
		公司白领	CCC认证				✓	✓	✓	✓	✓
			SRRC认证						✓	✓	✓
		商务人士	CCC认证				✓	✓	✓	✓	✓
			SRRC认证						✓	✓	✓
华北	零售渠道	老年群体	CCC认证					✓	✓	✓	✓
			SRRC认证							✓	✓
		青少年群体	CCC认证					✓	✓	✓	✓
			SRRC认证						✓	✓	✓
		公司白领	CCC认证				✓	✓	✓	✓	✓
			SRRC认证						✓	✓	✓
		商务人士	CCC认证				✓	✓	✓	✓	✓
			SRRC认证						✓	✓	✓

图4.26　各消费群体对产品资质认证的需求

进入制造部，点击“资质认证”，可查看产品生产资质认证参数（见图4.27）并进行资质认证投资操作（见图4.28），各种资质认证要求的周期并不相同，但都需要在累计投入完成后，下一季度才生效。本季度投入可撤销。

认证名称	CCC 认证
认证周期	2
每期费用	30,000.00
总费用	60,000.00

认证名称	SRRC 认证
认证周期	3
每期费用	30,000.00
总费用	90,000.00

图4.27　产品资质认证参数

图 4.28　产品资质认证投资

（6）投料生产。

进入制造部，点击“投料生产”，进入各生产线，进行投料生产（见图 4.29）。在原材料的使用过程中，采用的是先进先出法，即最先购买入库的原材料批次将被优先投入生产线进行生产。

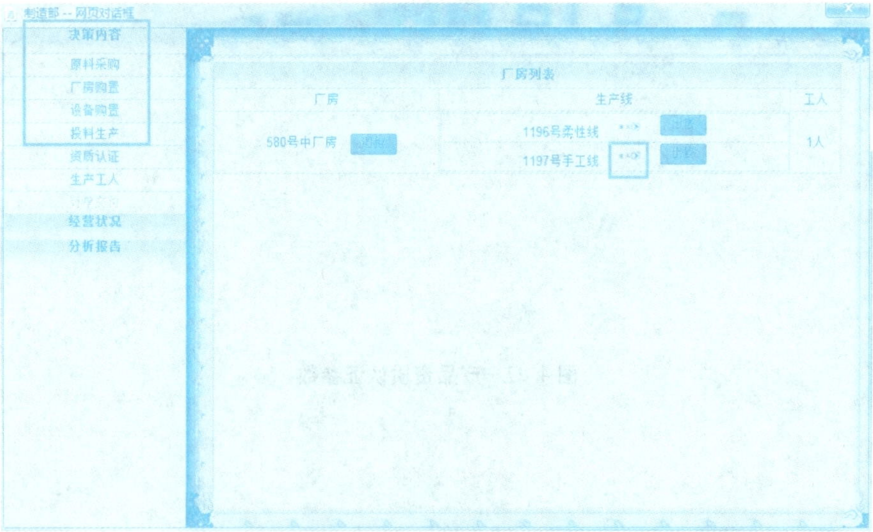

图 4.29　投料生产

生产线可进行升级、搬迁、出售。若设备在闲置中，则可以马上以净值出售。设备在生产中、搬迁中、升级中的，可以预出售，待季度末设备生产完成、搬迁完成、升级完成，系统自动以净值出售。厂房内没有其他设备，可以退租或出售；如果厂房内的设备都在预出售中，厂房可以预退租或出售（见图 4. 30 和图 4. 31）。

图 4. 30　厂房出售提示

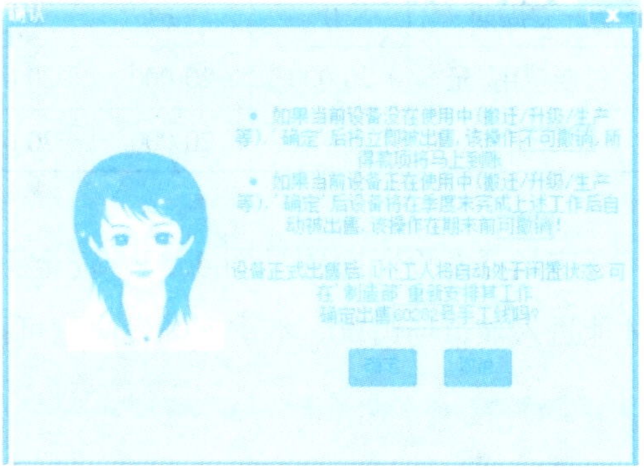

图 4. 31　生产线出售提示

（7）制造成本分析。

最终下线的成品包含以下成本：

①每个原材料采购时不含税实际成交的价格；

②生产产品所使用的厂房租金或折旧合计，用平均分摊法分摊到每个成品上；

③生产产品所使用的设备维护费用、设备折旧费用、设备搬迁费用、设备升级费用等，用平均分摊法分摊到该生产线的每个成品上；

④生产产品所对应的工人工资、五险合计，用平均分摊法分摊到每个成品上；

⑤每个产品生产过程中产生的产品加工费；

⑥生产线生产过程中产生的废品成本，用平均分摊法分摊到每个成品上。

5. 市场营销

市场营销包括市场开发、产品推广、销售业务员招聘与配置、产品报价和产品配送等多项工作。

（1）市场开发。

市场根据地区划分为 7 个市场区域（见表 4. 8）。各家公司可根据预测的市场需求与成长情况，选择开发不同市场。市场开发需要花费一定的时间，同时每期还需要一笔开发费用，每个公司可以将产品卖到自己已经开发完成的市场中。

表 4.8　可开发的市场

渠道名称	零售渠道						
所属市场	华东	华北	华南	华中	西南	东北	西北
开发周期	0	1	1	2	2	3	3
每期费用/元	20 000	20 000	20 000	20 000	20 000	20 000	20 000
总费用/元	0	20 000	20 000	40 000	40 000	60 000	60 000

市场开发投资操作见图 4.32，资金不足可中断市场开发投资，累计开发完成后，才能进入该市场销售。本季度开发决策可撤销。

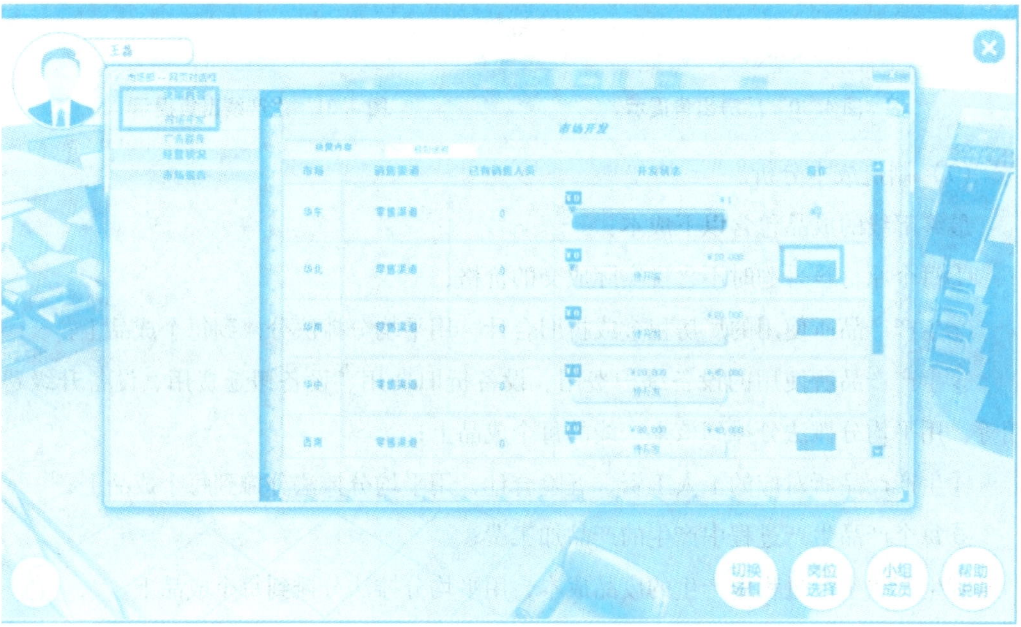

图 4.32　市场开发投资

（2）产品推广。

产品推广中要着力提升产品品牌影响力，为产品投放广告，将会对消费者产品评价五个指标中的“产品品牌”指标的得分产生影响，即产品品牌是由公司在产品上所投入的累计广告数量决定的，与竞争对手相比，累计投入广告越多，产品品牌知名度就越高，也就越能获得消费者认可，从而影响订单分配。

研发完成的产品均可投入广告。在某一季度投入的广告会对未来 3 个季度产生影响，但对广告投入的当季影响最大，并随着时间推移广告效应会逐渐下降。每个季度的广告效应是当季所投入的广告和前面季度投入广告所产生效应的总和。

不同消费群体对产品品牌的重视程度存在差异，公司在进行广告投放时应考虑品牌对该消费群体的影响权重，并结合竞争对手的广告投放策略和自身资金情况制定合理的广告投放策略。广告宣传投入的设置界面见图 4.33，广告投入金额的下限为 1 000元。

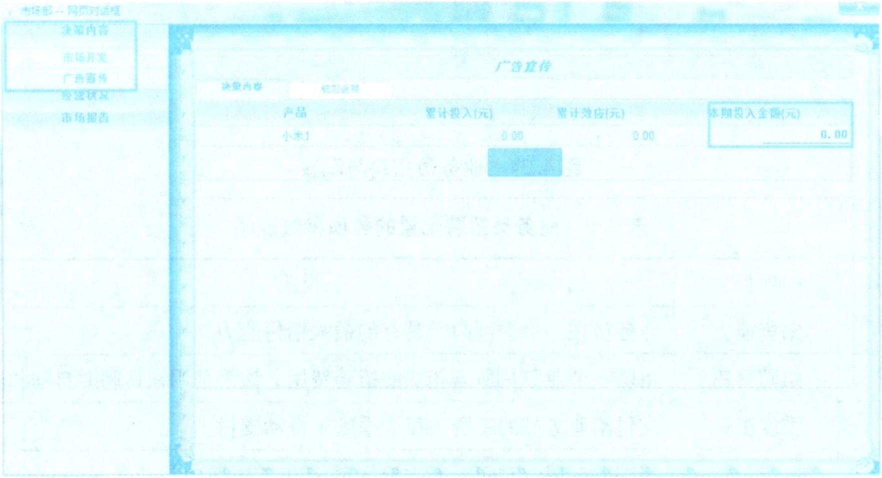

图 4.33　广告宣传投入界面

（3）销售业务员招聘与配置。

公司可以在人才市场招聘销售业务员。人力资源部门负责招聘业务员并签署劳动合同。销售部可以对业务员进行市场调整，也可以提出培训、辞退等申请，然后由人力资源部门进行培训、辞退执行。

业务员招聘操作界面见图 4.34。业务员招聘配置涉及的各项参数见表 4.9。

图 4.34　业务员招聘与配置

表 4.9　业务员招聘配置的各项参数说明

序号	项目	说明
1	销售能力	业务员在一个季度内所具有的最大销售能力
2	招聘费用	招聘一个业务员所需花费的招聘费用，该笔费用在招聘时自动扣除
3	季度工资	支付给业务员的工资，每个季度末自动支付
4	试用期	招聘后试用的时间，人力资源部需在试用期内与业务员签订合同，否则将支付罚金
5	培训费用	每次培训一名业务员所需花费的费用，一名业务员每个季度最多只能做一次培训，业务员培训由销售部提出，递交到人力资源部后进行实施，培训费用在实施时支付
6	培训提升	业务员完成一次培训后，销售能力将在原有能力的基础上有所提升。培训后销售能力=培训前销售能力×（1+提升比率）
7	辞退补偿	试用期内辞退业务员无需支付辞退补偿金，试用期满并正式签订合同后需支付辞退补偿金，一般在每季度末实际辞退业务员时实时支付

（4）产品报价。

对于已经完成开发的市场，每个季度将有若干来自不同消费群体的市场产品订单，每家公司可进行报价并争取产品订单，不报价或报价为 0 则默认放弃该市场产品订单。每个市场订单均包含以下要素：资质要求、购买量、回款周期、均价、最低价、最高价、产品名称、报价、上限数，如果要拿取该订单，就需要进行报价并设定好上限数（见图 4. 35）。

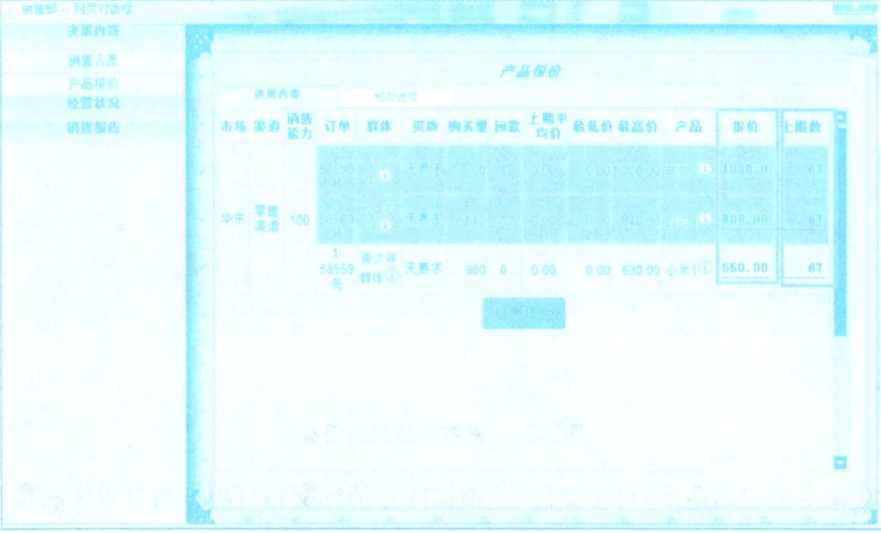

图 4. 35　产品报价

报价时应根据产品市场策略，对不同市场、不同产品可采取不同的报价策略。报价不能超过最高价，也不能低于最低价（上季度平均价的 60%）；可根据产品成本、产品面向的消费群体对价格的关注程度、上一季度竞争对手的报价情况等制定报价策略。

上限数默认为销售能力，如华东市场招聘了一名销售人员，则该市场中每个产品都对应有 100 个产品的销售能力。如果要重新设置上限数，可根据交货能力将全部产品在各市场进行分配。其中，交货能力=本期在制品数量+往期库存数量。

（5）产品配送。

待所有小组都完成生产、报价等活动后，教师端点击“任务进度控制—产品配送”，发布产品配送任务（见图 4. 36）。

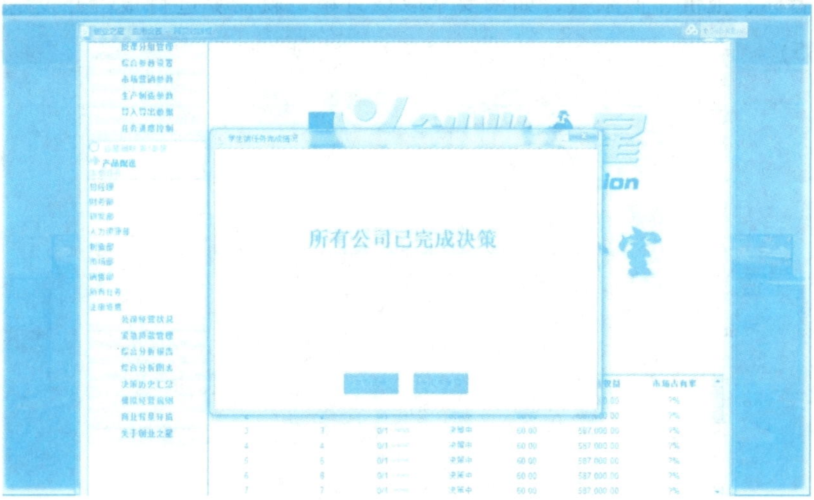

图 4.36　发布产品配送任务

学生端点击“制造部-订单交付”，根据库存情况交付订单；当订单无法按量满额交付时，需支付订单违约金，同时订单将被取消。订单违约金＝（该订单最高价×未交付订单数量）×订单违约金比例（30%）。

（四）经营结果分析

每个季度经营结束，都可以查询到综合表现得分。

模拟经营综合表现得分＝盈利表现得分＋财务表现得分＋市场表现得分＋投资表现得分＋成长表现得分，基准分数为 100 分，其中盈利表现权重为 30%、财务表现权重为 30%、市场表现权重为 20%、投资表现权重为 10%、成长表现权重为 10%。季度综合表现得分界面见图 4.37。

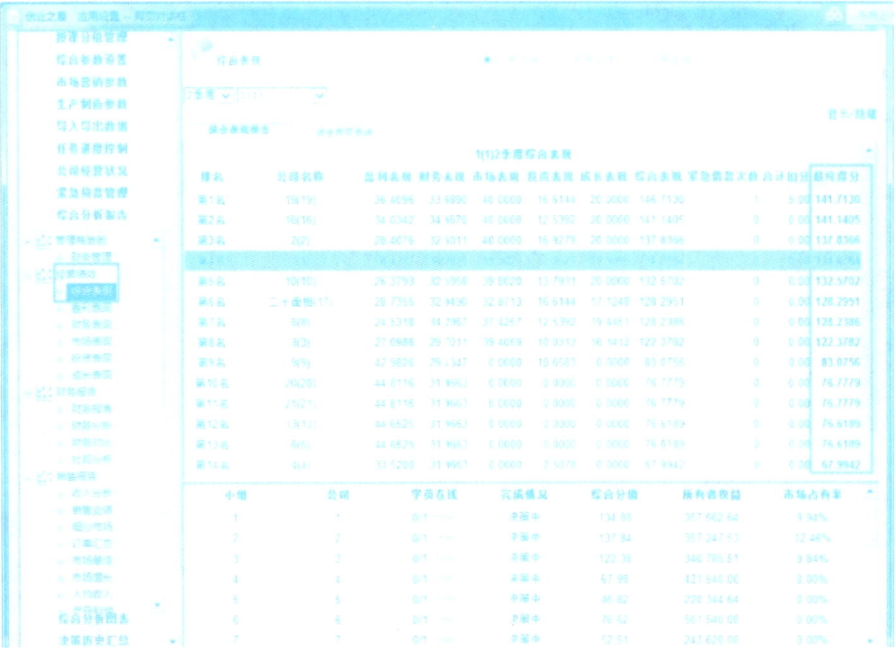

图 4.37　季度综合表现得分

1. 盈利表现

盈利表现=本企业所有者权益/所有企业平均所有者权益×盈利表现权重（30%），盈利表现最低为 0 分，最高为 60 分。

盈利表现与所有者权益相关，所有者权益=实收资本+累计净利润，其中实收资本在经营过程中保持不变，可以结合“财务报告-财务对比-利润表累计”对比查看各小组的营业收入、各项成本、最终累计净利润情况（见图 4.38）。

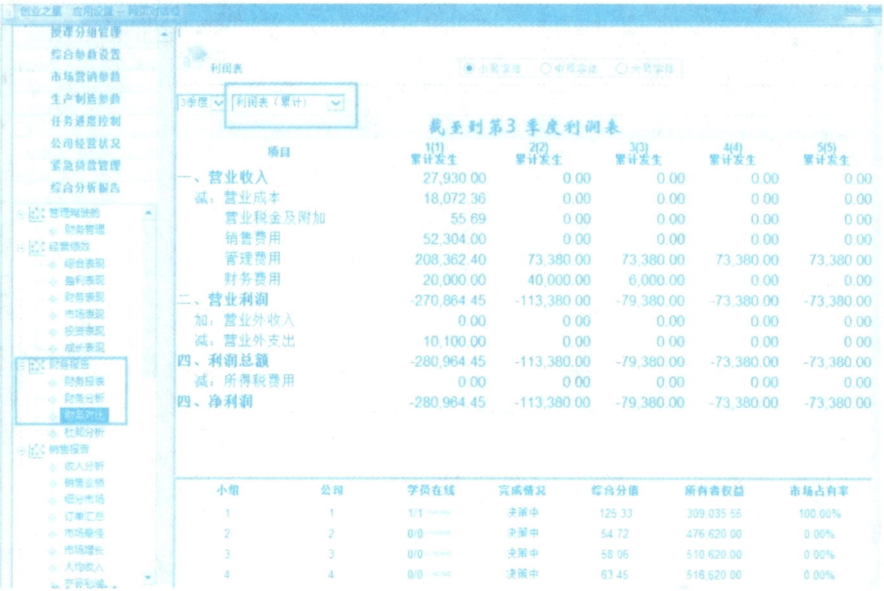

图 4.38　利润表

2. 财务表现

财务表现=本企业平均财务综合评价/所有企业平均财务综合评价的平均数×财务表现权重（30%），财务表现最低为 0 分，最高为 60 分。

财务表现与平均财务综合评价相关，具体可根据三个大项的十二个财务指标进行综合评判，指标计算所需的基础数据源于企业经营所生成的三大财务报表。具体情况可通过“财务报告-财务分析”查看，也可以在“财务报告-财务对比-平均财务分析”中对比查看（见图 4.39）。

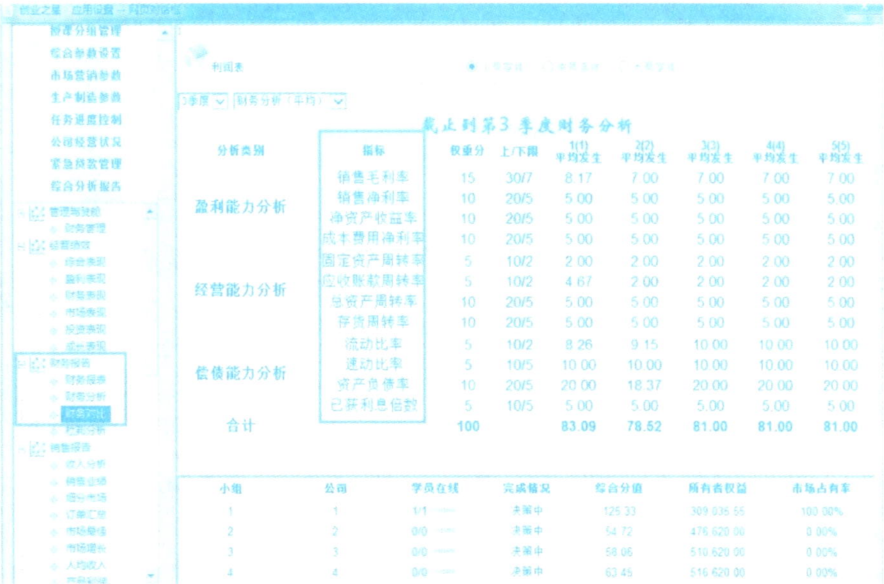

图 4.39 财务分析

3. 市场表现

市场表现=本企业累计已交付的订单量/所有企业平均累计交付的订单量×市场表现权重（20%），市场表现最低为 0 分，最高为 40 分。

市场表现得分和市场占有率、交货率相关，可进入“销售报告-收入分析”查看市场占有率及交货率图表（见图 4.40）。

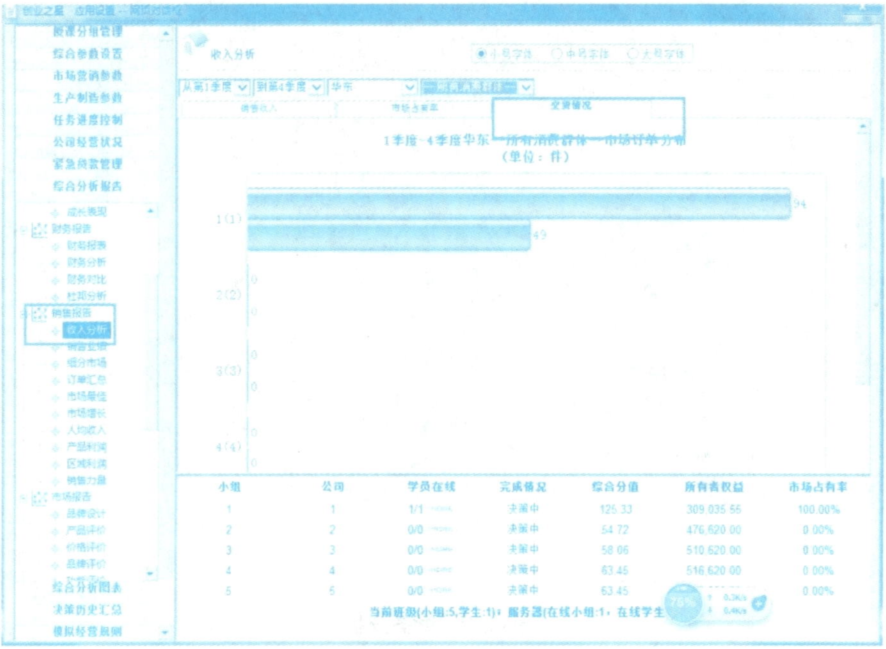

图 4.40　市场分析

各小组的市场表现情况还可以通过“市场报告-品牌设计、产品评价”查看。从品牌设计可以看出各小组面向哪类消费群体设计的产品多。产品评价是指消费者对进入该市场的所有产品，分别从产品价格、产品品牌、产品功能、销售能力、产品口碑这五个方面进行评分（见图 4.41），评分高的产品比较受市场欢迎，理论上其订单会多一些。

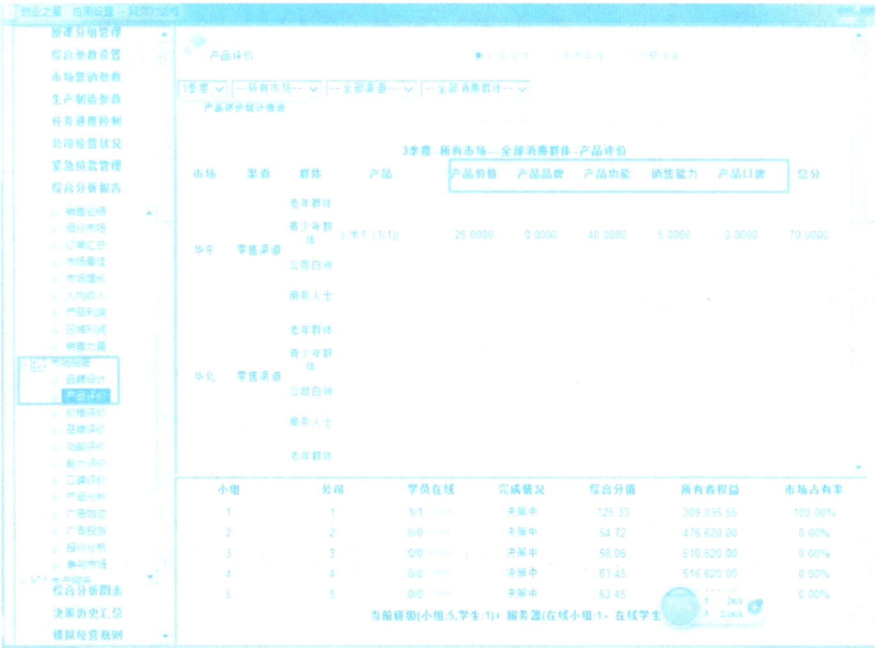

图 4.41　产品评价得分

4. 投资表现

投资表现=本企业未来投资/所有企业平均未来投资×投资表现权重（10%），未来投资=累计产品研发投入+累计认证投入+累计市场开发投入+ $\sum$（每个厂房和设备的原值/相应的购买季度数），投资表现最低为 0 分，最高为 20 分。

5. 成长表现

成长表现 = 本企业累计销售收入/所有企业平均累计销售收入×成长表现权重（10%），成长表现最低为 0 分，最高为 20 分。

四、任务与实施

（一）工作任务导入

工作任务 1 教学模拟经营前的各项准备

工作任务 2 两个季度教学模拟经营

（二）工作任务思考

问题 1：通过两个季度模拟经营，你是否已经清楚运营的基本流程？

思考记录：____

____

____

____

问题 2：怎样计算市场产品均单？

思考记录：____

____

____

____

问题 3：你认为操作中最困难的内容是什么？容易出现错误的地方有哪些？

思考记录：____

____

____

____

（三）工作任务实施

1. 工作任务 1 教学模拟经营前的各项准备

（1）工作活动。

工作活动一：教师建立教学班级，设置好小组和市场规模。

工作活动二：学生登陆系统、注册账号、加入教学班级。

工作活动三：加入小组，设置好操作角色。

（2）活动思考。

问题：你是否已经完全清楚每个季度的操作流程与操作内容，你认为最容易遗漏的内容是什么？

（3）活动实施。

教学模拟经营前各项准备活动实施见表 4. 10。

表 4.10　教学模拟经营前各项准备活动实施

活动步骤	活动要求	检查与记录
步骤 1 教师建立教学班级、设置好小组数和市场规模	建立独立的教学班级，根据班级人数设置好小组数，市场规模可以沿用系统默认设置	此轮为学生独立操作，因此班级有多少人就设置多少个小组
步骤 2 注册账号	1. 在电脑桌面点击“创业之星”客户端登陆系统 2. 点击右上方“注册”，注册系统账号，并设置好账号密码	1. 账号必须唯一 2. 只能使用汉字、数字、英文字母组合排列，不能使用标点符号尤其是特殊字符 3. 设置便于记忆的密码
步骤 3 加入教学班级	以注册账号重新登陆系统，加入对应的教学班级	忘记密码可在教师端清空、重新进行设置
步骤 4 加入小组，设置好操作角色	任意加入一个小组，以姓名（或学号）命名，并将操作角色设置为“总经理（CEO）”	检查角色设置是否正确，设置错误则会影响操作权限
步骤 5 做好教学模拟经营前的准备	教师进行任务进度控制，点击进入第 1 季度经营	是否清楚季度经营的流程与内容，准备开始第 1 季度经营

2. 工作任务 2 两个季度教学模拟经营

（1）工作活动。

工作活动一：第 1 季度教学模拟经营。

工作活动二：第 2 季度教学模拟经营。

（2）活动思考。

问题：是否完全清楚每个季度模拟经营的基本流程、每一步的操作内容及关键点？

（3）活动实施。

①第 1 季度模拟经营。

第 1 季度模拟经营的提示界面见图 4.42。

图 4.42　第 1 季度模拟经营的提示界面

步骤 1：申请银行贷款。

进入“财务部”，在决策内容中选择“银行贷款”，申请银行贷款 170 000 元（见图 4.43）。

图 4.43　申请银行贷款

步骤 2：市场开发。

进入“市场部”，在决策内容中选择“市场开发”，开拓华北、华南、华中、西南、东北、西北六个市场。

步骤 3：产品设计与研发。

进入研发部，在决策内容中选择“产品设计”，设计 4 个产品，包括 1 个商务产品“商 111”（不研发）、1 个商务产品“商 311”（要研发）、1 个白领产品“白 111”（不研发）和 1 个青年产品“青 111”（不研发），请按照表 4.11 进行原料配置。

表 4.11　各类产品原料配置

原料类别	原料类别	商务产品（不研发）	商务产品（要研发）	白领产品（不研发）	青年产品（不研发）
屏幕类型	高亮 LED 屏幕	√		√	√
	TFT 全彩触摸屏				
	OLED 显示屏		√		
腕带材质	塑胶	√	√	√	√
	金属				
	皮革				
待机时间	7 天以下	√	√	√	√
	15 天				
	30 天				
	30 天以上				
原料成本		100	170	100	100
预计研发时间		0	1	0	0

不需要研发的商务产品原料设置如图 4.44 所示。

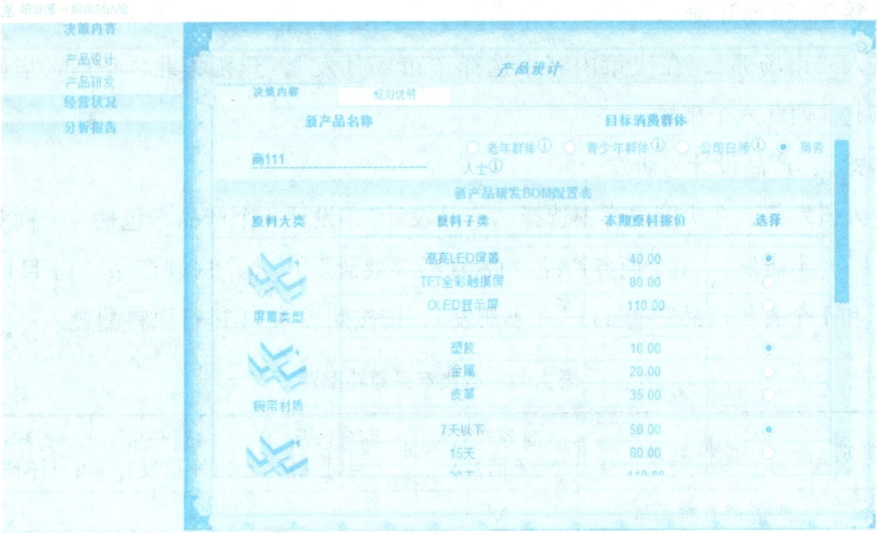

图 4.44　不需要研发的商务产品原料配置

进入研发部，在决策内容中选择“产品研发”，然后对需要研发的商务产品进行研发，相关设置如图 4.45 和 4.46 所示。

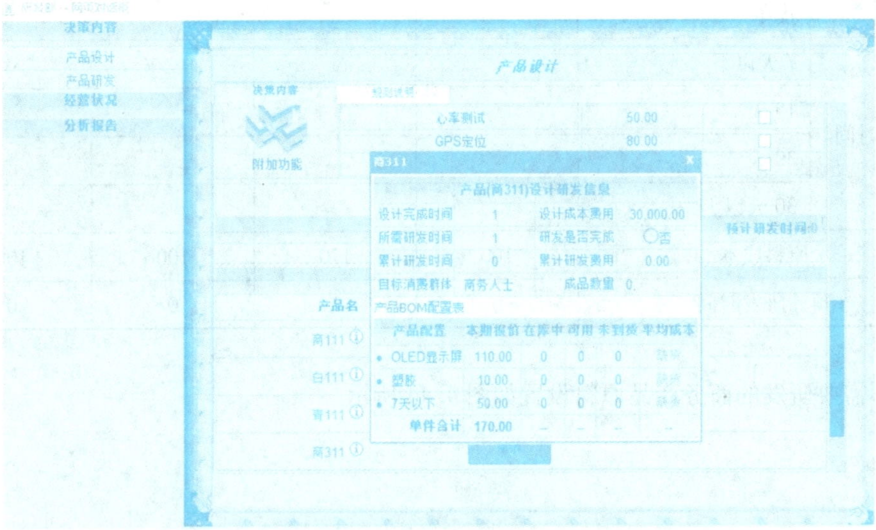

图 4.45　需要研发的商务产品信息

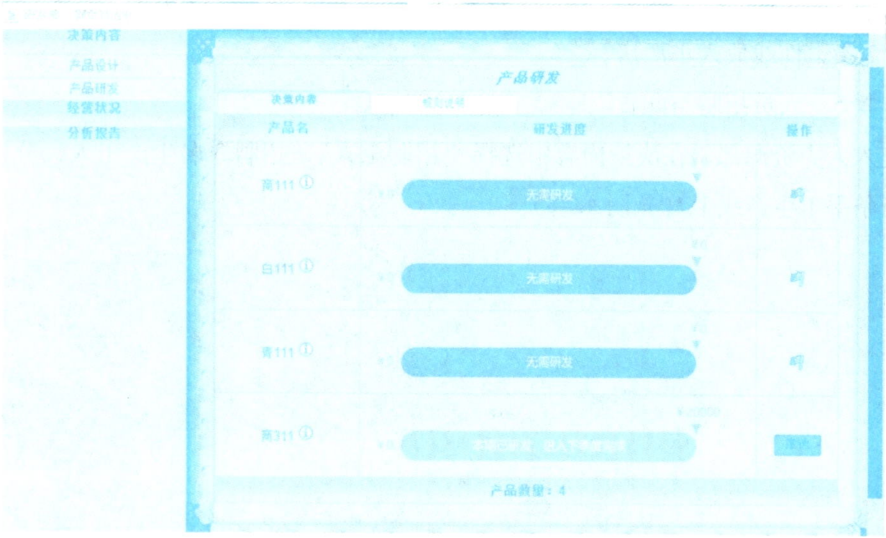

图 4.46　商务产品研发投入

步骤 4：厂房及生产线购置。

进入制造部，在决策内容中选择“厂房购置”，购买一个中厂房和租用一个小厂房（见图 4.47）。

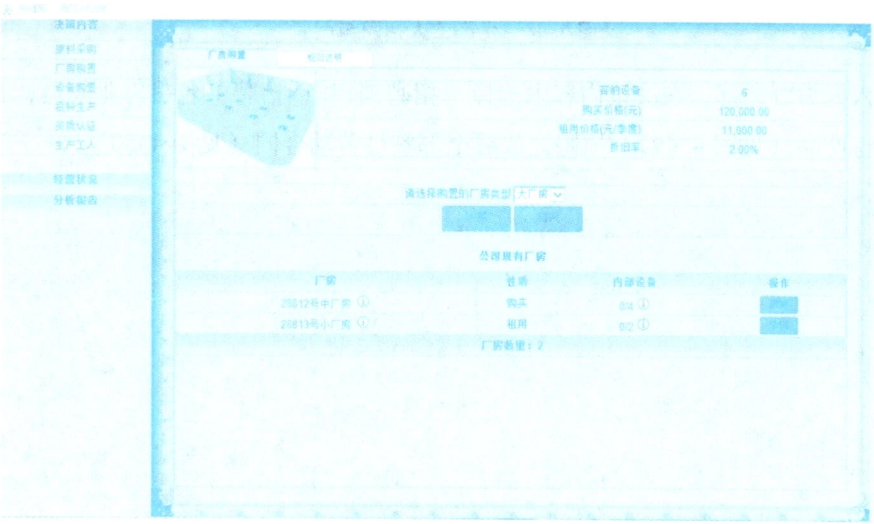

图 4.47　厂房购买与租用

点击“购买设备”，购买 3 条手工线和 2 条柔性线。其中，3 条手工线全部放入中厂房，2 条柔性线放入小厂房。

步骤 5：人员招聘与配置。

进入人力资源部，在决策内容中选择“招聘工人”，招聘 3 名生产工人，分别放置在那 3 条手工生产线上（见图 4.48）。

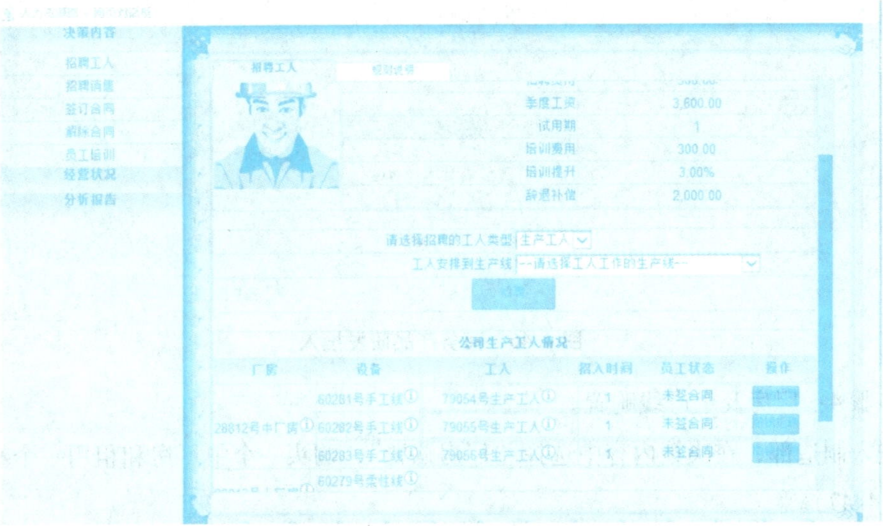

图 4.48　生产工人招聘与配置

进入人力资源部，在决策内容中选择“招聘销售”，招聘 1 名销售业务员，在华东市场销售产品（见图 4.49）。招聘完成后全部签订劳动合同（见图 4.50）。

图 4.49　业务员招聘与配置

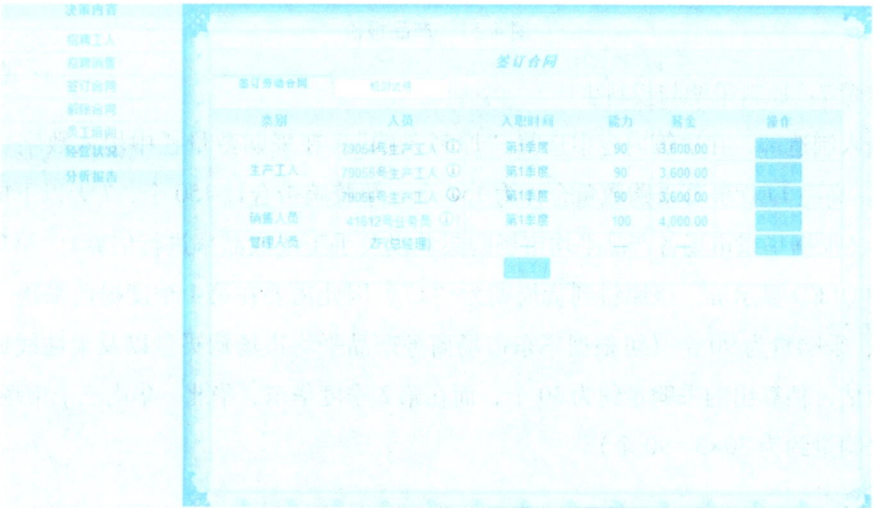

图 4.50　劳动合同签订

步骤 6：产品报价。

进入销售部，在决策内容中选择“产品报价”，共有 3 个产品需要进行报价，在报价栏处按照该产品最高价输入金额（见图 4.51）。

注：教学模拟经营操作中，为方便练习，保证每位学员都有足够的订单，建议均

按照最高价进行设置，在自主经营中则可根据实际情况进行设定。如果都是按照最高价设置，上限数可以沿用系统默认值 100。

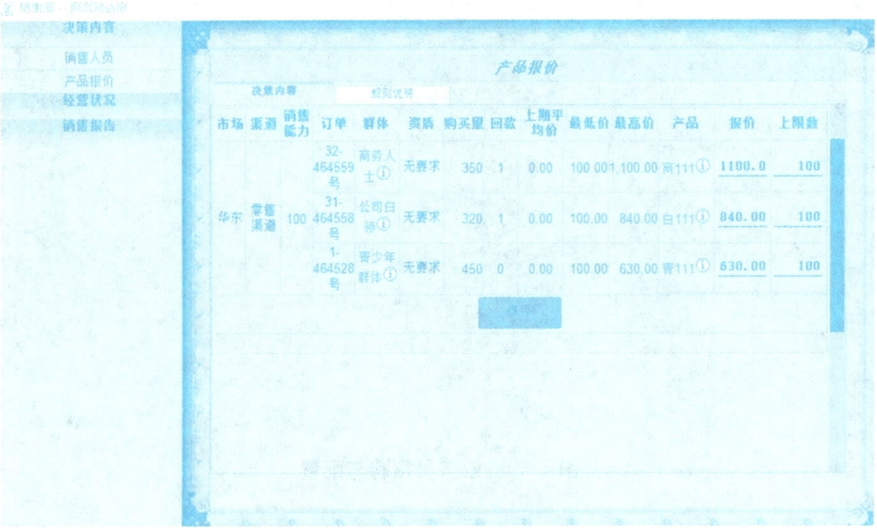

图 4.51　产品报价

步骤 7：原料采购与投料生产。

进入制造部，在决策内容中选择“原料采购”，在采购数量栏中填入数字（见图 4.52）。高亮 LED 屏幕采购数量合计为 150 个，塑胶腕带合计 150 个，7 天以下电池为 150 个（根据华东市场各产品平均市场购买量以及手工线成品率进行估算）。第 2 季度将用到 OLED 显示屏，该原料到货周期为“1”，因此需要在第 1 季度提前采购（见图 4.53），采购量为 90 个（可根据华东市场商务产品平均市场购买量以及柔性线成品率进行预估，估算出的采购量约为 30 个，而在第 2 季度华东、华北、华南三个市场可用，因此采购量约为 30×3＝90 个）。

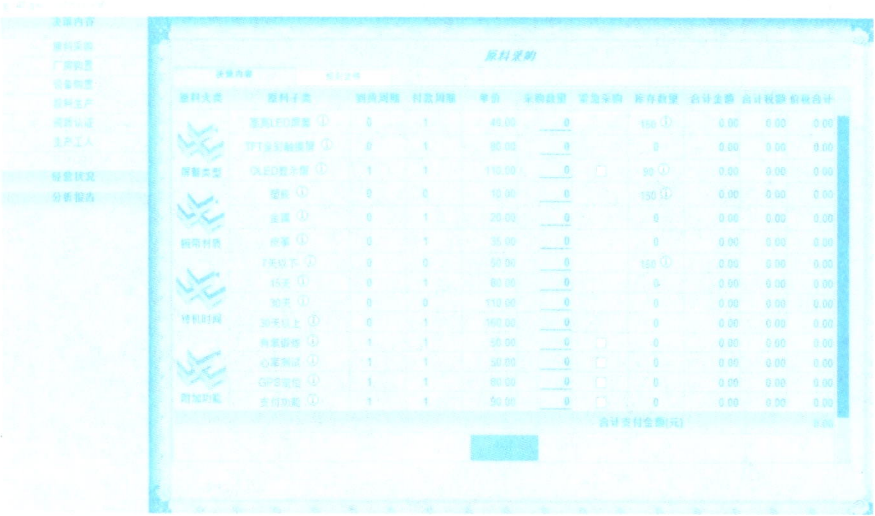

图 4.52　原料采购

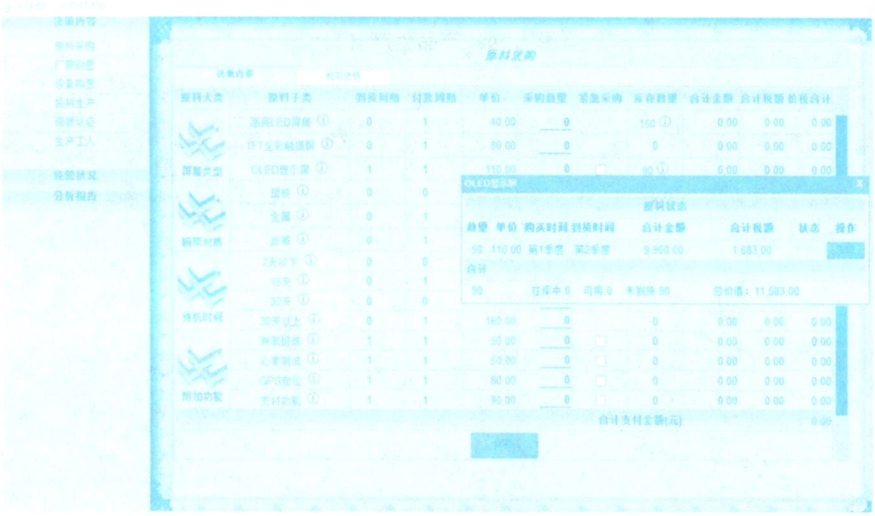

图 4.53　原料提前采购

在决策内容中选择“投料生产”，选择某生产线后进入，如选择 60281 号手工线，进入后将显示图 4.54 的页面，在页面下拉框中选择拟生产的“商 111”产品，并输入在制品数量 47 件（华东市场商务产品的平均购买量为 35 个），页面将显示在制品数量为 47（见图 4.55）。另外两条手工线分别生产 43 个白领产品在制品（华东市场白领产品的平均购买量为 32 个)，60 个青年产品在制品（华东市场青年产品的平均购买量为 45 个)。

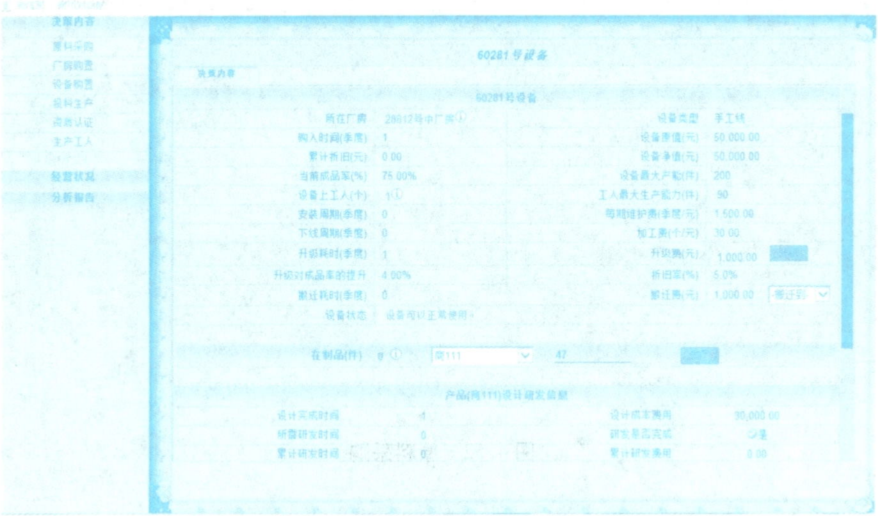

图 4.54　产品生产（1）

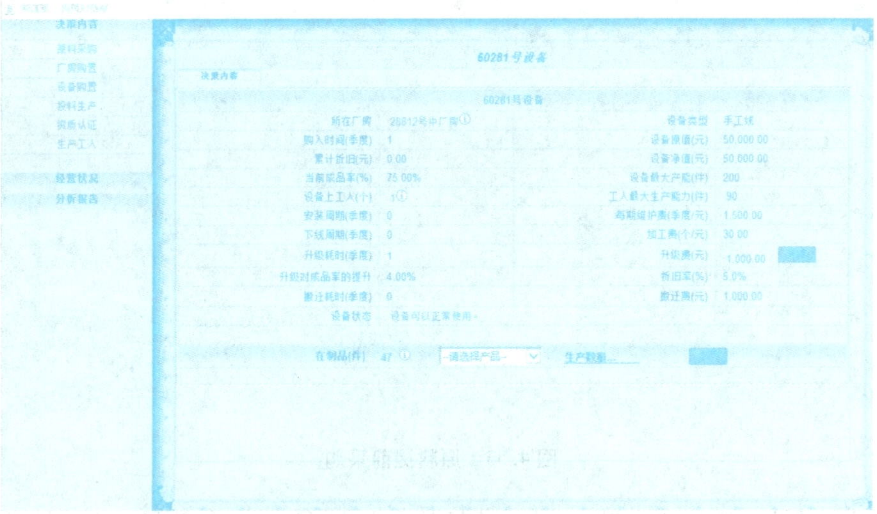

图 4.55　产品生产（2）

步骤 8：厂房和生产线预出售。

进入制造部，点击“投料生产”，进入页面后点击“出售”（见图 4.56)，将 3 条手工线和中厂房全部出售，由于厂房和生产线仍在使用中，系统将按照预出售进行设置（见图 4.57），到季度末自动出售厂房和生产线（见图 4.58）。在第 1 季度结转前可以“撤销出售”。

图 4.56　拟出售厂房和生产线

图 4.57　生产线出售提示

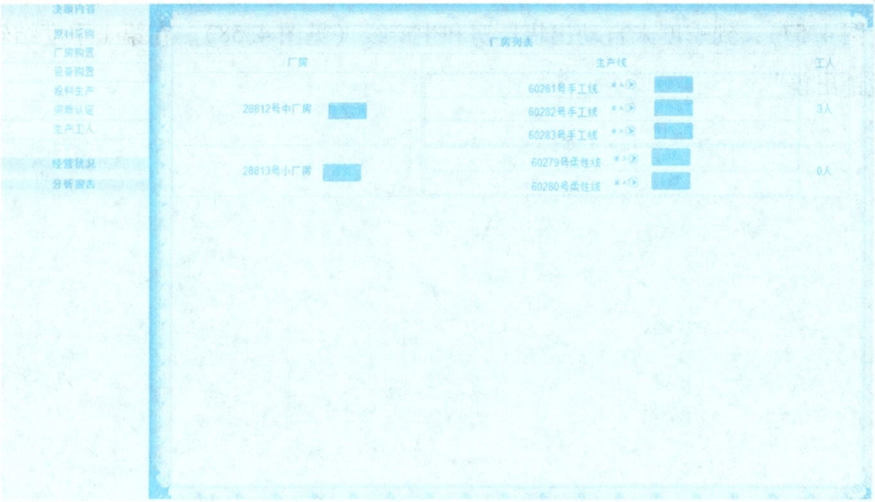

图 4.58 厂房与生产线完成预出售

步骤 9：订单交付。

进入教师账号，待所有小组都完成生产和报价等活动后，在任务进度控制中点击“产品配送”，发布任务（见图 4.59）。

图 4.59 发布第 1 季度产品配送任务

学生端进入制造部，点击“订单交付”，根据库存交付订单，输入交付数量后点击发货（见图 4.60），交货完成后的页面如图 4.61 所示。不足交付的部分订单将会被处以罚款，并被取消本次供货资格。

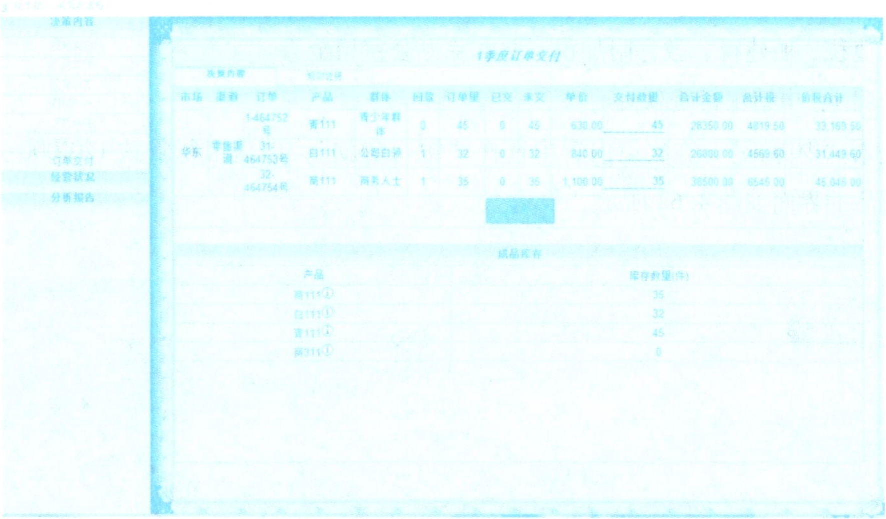

图 4.60　准备交付产品

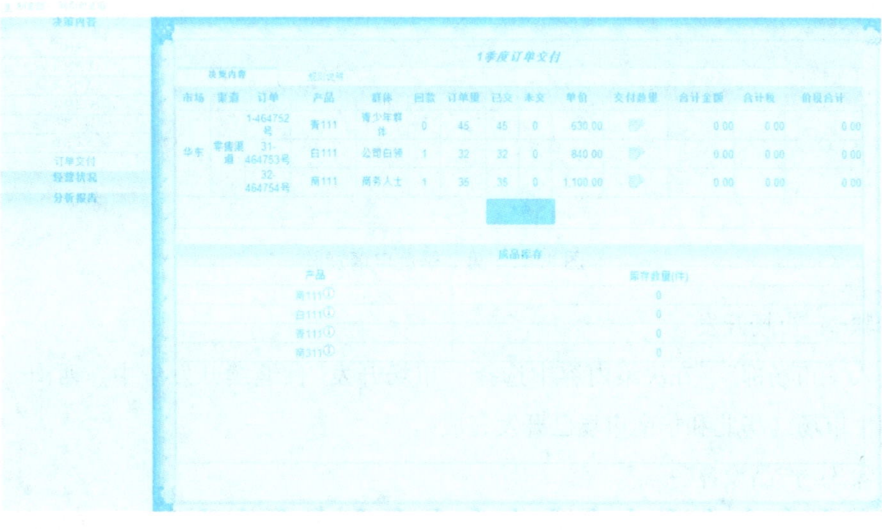

图 4.61　产品交付完成

在季度末，系统会自动结算，支付租金，扣除制造费用、行政管理费、人员工资和保险费等，并卖掉之前预出售的厂房和生产线。

②第 2 季度模拟经营。

第 2 季度初系统会自动将应收账款收现，支付上一季度原材料采购的应付账款，缴纳增值税、城建税、教育附加税，并扣除办公室租金等。

步骤 1：申请银行贷款。

进入“财务部”，在决策内容中选择“银行贷款”，申请银行贷款 170 000 元。贷款完成后的界面如图 4. 62 所示。

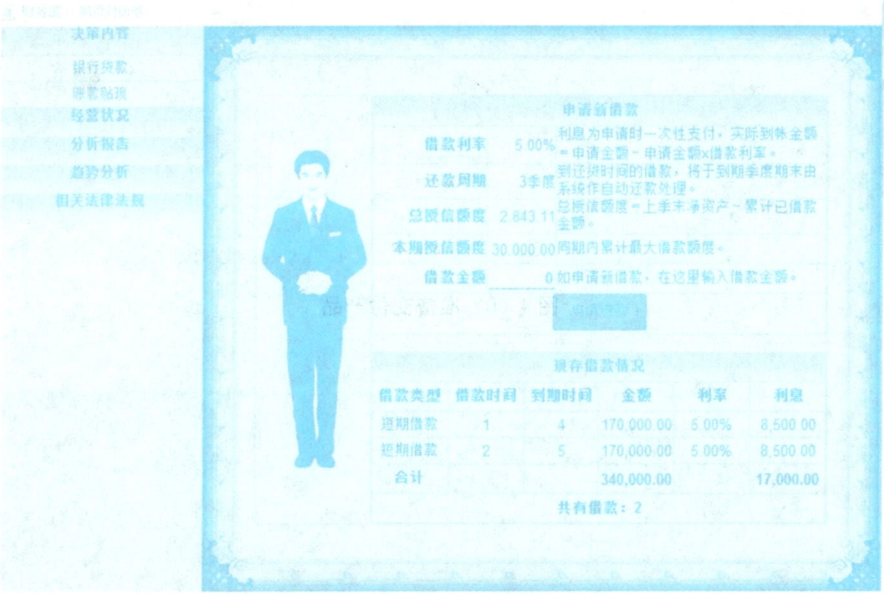

图 4. 62　第 2 季度申请贷款

步骤 2：市场开发。

进入“市场部”，在决策内容中选择“市场开发”，继续开发华中、西南、东北、西北四个市场（华北和华南市场已开发完成）。

步骤 3：产品设计。

进入研发部，在决策内容中选择“产品设计”，设计 1 个面向老年群体的产品“老 122”，原料配置为高亮 LED 屏幕、金属腕带、15 天待机时间。

步骤 4：人员招聘。

进入人力资源部，在决策内容中选择“招聘工人”，招聘 7 名生产工人；进入制造部，在决策内容中选择“生产工人”，将第 1 季度招聘的 3 名工人调整到已经建好的柔性线上（见图 4. 63）；最终每条柔性线配置 5 名工人（见图 4. 64）。在决策内容中选择“招聘销售”，招聘 2 名业务员，分别在华北和华南市场销售产品。招聘完成后全部签订劳动合同（见图 4. 65）。

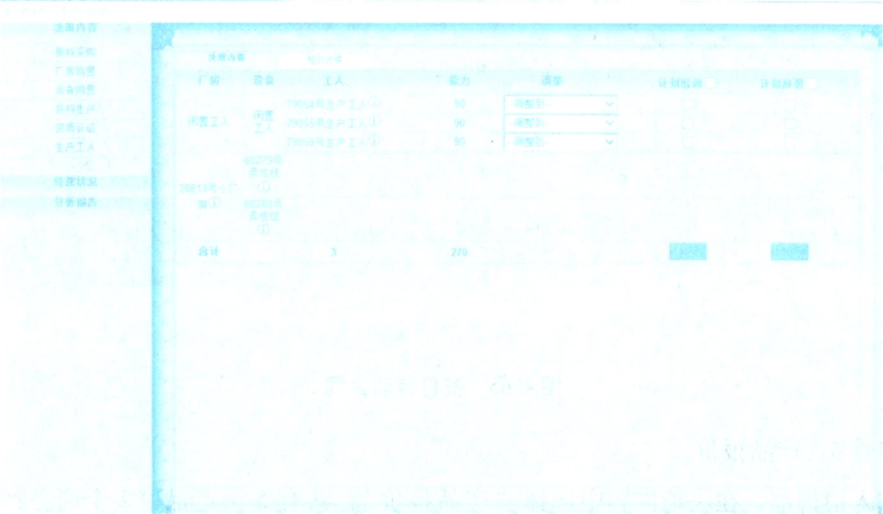

图 4. 63　生产工人配置

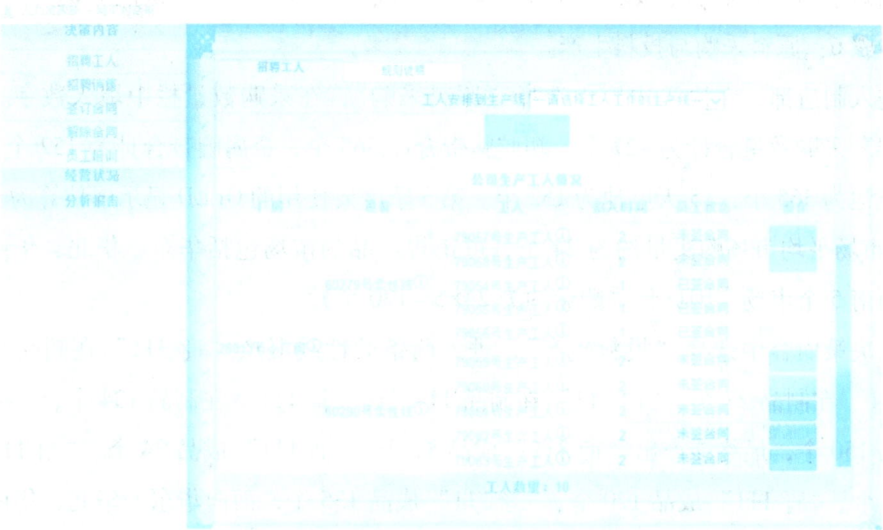

图 4. 64　完成生产工人招聘与配置

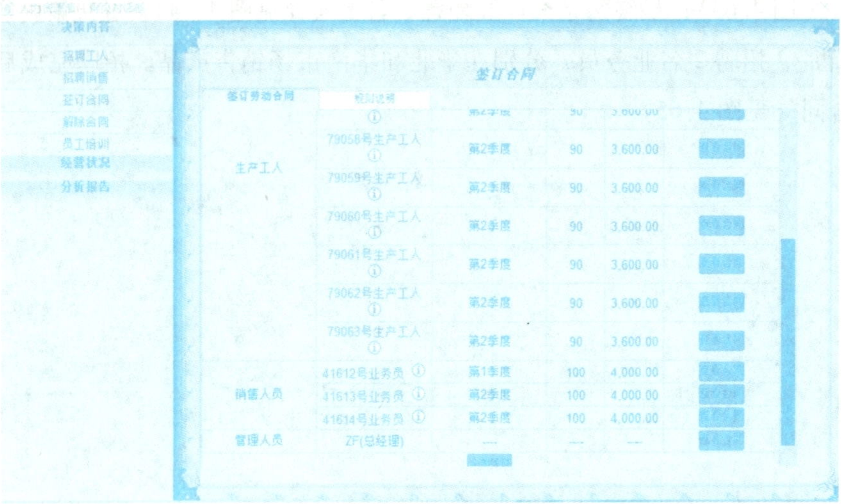

图 4.65　签订劳动合同

步骤 5：产品报价。

进入销售部，在决策内容中选择“产品报价”，共有 5 个产品（2 个商务产品、1 个白领产品、1 个青年产品、1 个老年产品）需要进行报价，在报价栏处按照该产品最高价输入金额。如果都是按照最高价设置，上限数可以沿用系统默认值 100。

步骤 6：原料采购与投料生产。

进入制造部，在决策内容中选择“原料采购”，在采购数量栏中填入数字。高亮 LED 屏幕采购数量合计为 427 个，塑胶腕带合计 365 个，金属腕带合计为 152 个，7 天以下电池为 365 个，15 天电池为 152 个。第 3 季度要使用的 OLED 显示屏估算为 120 个（每个市场平均市场购买量约为 24 个，可销售产品的市场包括华东、华北、华南、华中、西南 5 个市场，因此预采购量约为 24×5＝120 个）。

在决策内容中选择“投料生产”，进入两条柔性线混产“商 311”在制品 90 个、“商 111”在制品 27 个、“白 111”在制品 114 个、“青 111”在制品 134 个、“老 122”在制品 150 个，最终能产出“商 311”成品 81 个、“商 111”成品 24 个、“白 111”成品 102 个、“青 111”成品 120 个、“老 111”成品 135 个，面向华东、华北、华南三个市场进行销售。

步骤 7：资质认证。

白领和商务人群在第 4 季度对 CCC 资质认证有要求，而 CCC 资质认证需要两个季度的时间，因此在本季度应当进行该资质的认证投资。

进入制造部，点击“资质认证”，可进行 CCC 资质认证投资，本季度投资完成后如图 4.66 所示。

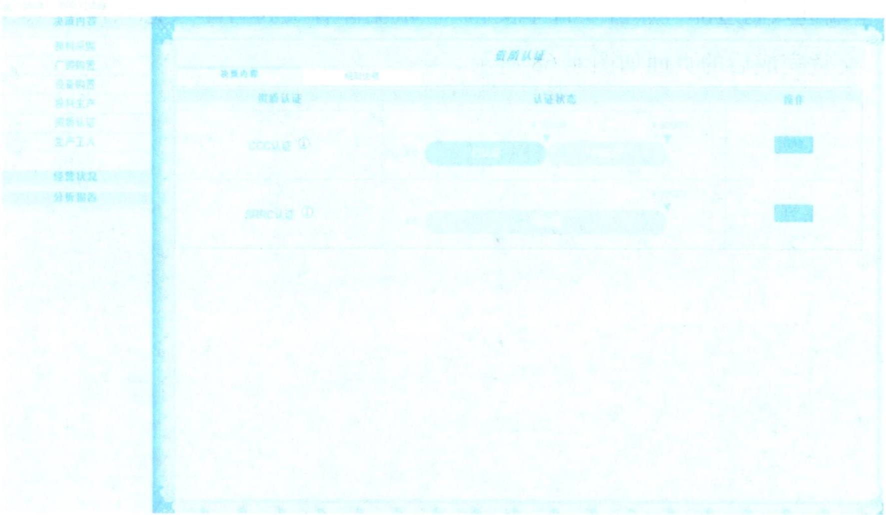

图 4.66　CCC 资质认证投资

步骤 8：广告宣传。

为 5 个产品投入广告，进行广告宣传，以试验广告效果，比如“商 111”产品投入 1 000 元广告费（见图 4.67）。

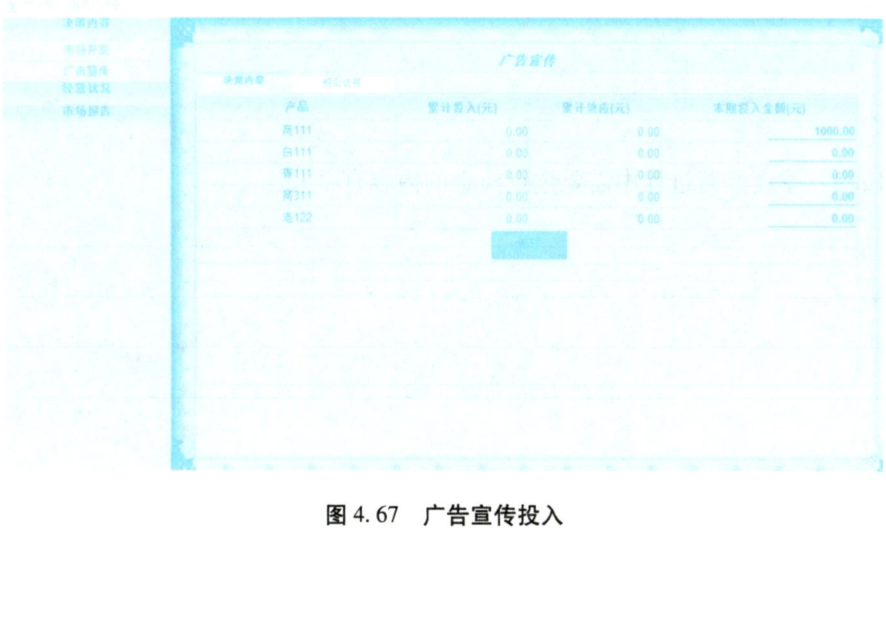

图 4.67　广告宣传投入

步骤 9：订单交付。

进入教师账号，待所有小组都完成生产和报价等活动后，在任务进度控制中点击“产品配送”，发布任务。

学生端进入制造部，点击“订单交付”，根据库存交付订单（总共应有 15 个产品订单），交货完成后的页面如图 4. 68 所示。

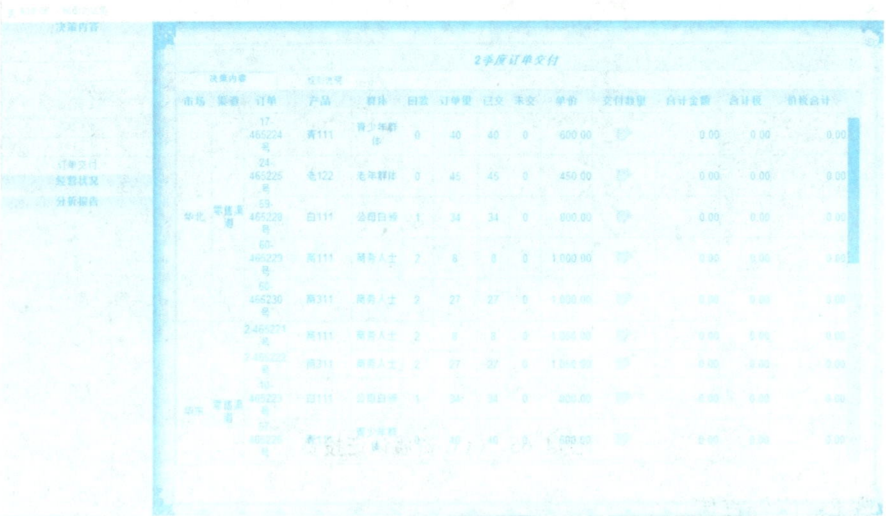

图 4. 68　第 2 季度订单交付

五、学习自测与评价总结

（一）学习自测

测试 1：季度经营过程中需要重点检查的内容有哪些？

____

____

____

____

测试 2：你认为订单分配中最具影响力的因素是什么？

测试 3：你会做资金预算吗？

测试 4：你认为电子沙盘和手工沙盘的相同和不同之处是什么？

（二）总结评价

根据模拟经营操作表现评分，打分表见表 4.12。

表 4.12 评价打分表

评价指标	评价内容	分值	自评打分	互评打分	教师打分
学习能力	能够根据自己已有的知识经验较准确地理解与工作任务相关的新知识	20			
思维能力	能够从不同的角度提出问题，并考虑解决问题的方法	10			
创新能力	在小组讨论中能够与他人交流自己的想法，在较充分论述可行性基础上做到标新立异	10			
表达能力	能够较准确阐述工作任务和自己对相关问题的认识与观点	20			

表4.12(续)

评价指标	评价内容	分值	自评打分	互评打分	教师打分
小组协作能力	能够为小组提供信息，质疑，提出方法，阐明观点	10			
实践操作能力	能够较准确完成工作任务及活动内容	30			
总分		100			

根据各项任务完成情况、学习效果等撰写学习总结。

学习报告

项目五　ERP 电子沙盘自主经营

一、项目概述

本部分内容将带领各经营团队参与三轮自主经营（每一轮经营均为四个季度）。前两轮均采用一个人独立成组方式进行操作，第三轮以三人组建经营团队的方式进行经营。最后将三轮成绩按照一定权重比例进行综合计算，确定学生在电子沙盘模拟经营中的总成绩。

二、学习目标

（一）素质目标

1. 培养整体与系统思维。
2. 培养勤于思考、勇于创新、善于团队协作的专业素质。

（二）知识目标

1. 严格按照运营规则完成三轮自主经营。
2. 能制订科学合理的经营战略、生产计划、采购计划、营销计划等。
3. 掌握全面预算方法。

（三）能力目标

1. 准确完成四个季度经营的各项操作。
2. 能较准确地进行现金预算。

三、知识准备

（一）电子沙盘模拟经营评分规则

1. 电子沙盘模拟经营总成绩

电子沙盘模拟经营总成绩=第一轮模拟经营评分×20%+第二轮模拟经营评分×30%+第三轮模拟经营评分×50%

2. 每一轮模拟经营评分

每一轮模拟经营评分以系统显示的最终得分为准。

模拟经营系统最终得分=盈利表现得分+财务表现得分+市场表现得分+投资表现得分+成长表现得分（基准分数为 100.00 分，其中盈利表现占比 30%、财务表现占比 30%、市场表现占比 20%、投资表现占比 10%、成长表现占比 10%）。

（二）电子沙盘模拟运营决策流程

企业创立后，经营团队要完成一年共四个季度的运营管理。

所有企业在开始阶段都拥有一笔创业资金，创业者需要根据市场环境的变化及运营规则的设定情况，制定企业的发展战略规划，并努力实现企业的经营目标，在运营管理中还将与其他企业展开激烈的市场竞争。经营过程中，需要团队的每位成员通力配合、精诚合作，共同制定有效的经营决策，包括企业战略、品牌规划、产品设计、市场营销、人力资源、生产制造、财务管理等。

在自主经营环节，教师发布任务后，学生将在规定的时间内独立完成所有的企业运营管理工作。每个运营团队都应该遵循整体规划、分步实施的方法。首先，要理解规则并熟悉各项操作；其次，在每个季度经营开始前，应该对企业前一阶段运营情况进行总结分析，结合市场形势的变化，明确下一阶段企业运营管理的基本思路与目标；再次，围绕整体目标再逐步分解，形成各部门的目标；最后，确定研发部、制造部、市场部、销售部、人力资源部、财务部等部门的具体工作内容与决策思路。

图 5.1 为整个系统运营管理环节需要完成的各项决策任务，供决策时参考。

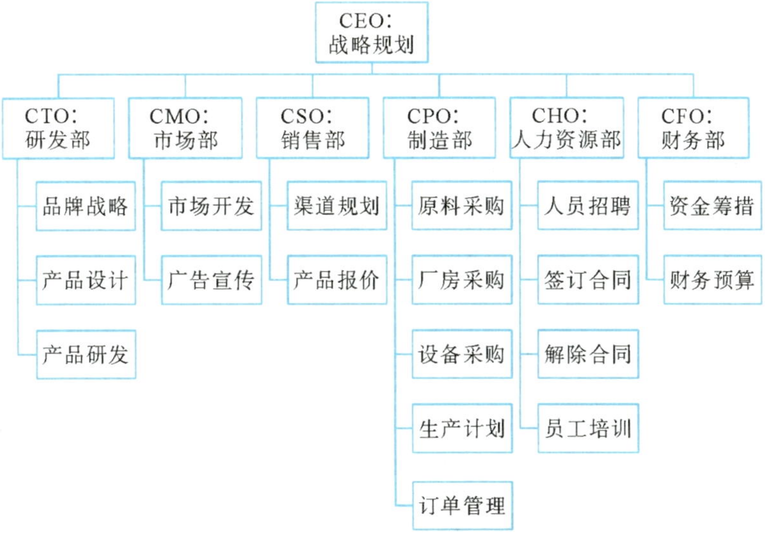

图 5.1　模拟经营决策任务

（三）公司经营战略制定

企业竞争力往往源于高质量产品及优质的售后服务，而重要保障则在于市场竞争战略、新产品开发战略和企业经营战略的正确实施。不谋全局者不足谋一隅，全局的成功在于各个方面的细致谋划。

1. 企业战略

企业成立后召开经营会议的一个重要内容就是制定企业的发展战略。在“创业之星”系统中，战略制定主要包括两个层次，即企业级经营战略、职能级经营战略。在制定好企业整体经营战略后，就要根据企业的阶段目标与发展规划，制定各个职能部门的经营战略，包括人力资源部、研发部、营销部、财务部等。此时，企业还要根据人财物各方面的资源情况，合理分配资源。各职能部门的资源配置与战略规划是为企业整体战略目标的实现而服务的，各职能部门在制定战略时应首先解决如下问题：职能部门如何为企业战略实施做出相应的贡献，如何实现这些贡献？

2. 市场营销战略

市场营销是企业最重要的职能战略，有效的市场营销战略是企业成功的基础。市场营销活动涉及市场调研和预测、分析市场需求、确定目标市场、制定营销战略、实施与控制具体营销战略的全过程。市场营销战略决定了市场营销的主要活动和主要方向，其基本内容包括市场细分战略、市场选择战略、市场进入战略等。

（1）市场细分战略。

市场细分是根据购买者对产品或营销组合的不同需要，将市场划分为不同的、更小的子目标市场，并且针对子目标市场的共性，调整和配合适当的营销战略，以更有效地满足消费者需求。在系统中共有七个区域市场可供开发，不同区域市场客户的需求会有所差异，同时对产品的价格承受能力也不同。选择哪些细分市场进入并发展，是市场战略首先要解决的问题。

（2）市场选择战略。

所有企业都可以针对不同的消费群体研发相应的产品，而企业在市场、产品上可以有多种选择方案，是走市场集中化或产品专业化的道路，还是全面进入大部分细分市场，为所有客户提供他们需要的产品？不同的策略会导致企业在资源配置方面存在很大的不同。

（3）市场进入战略。

企业可以选择每一次只进入一个细分市场，以藏匿自己的意图，使竞争对手无法得知企业下一步要进入的细分市场。当然，如果企业具备充足的资源，能够支撑企业在市场上全面开展，也可以选择多个细分市场同时进入，以快速占领市场，抢占先机。

3. 产品研发战略

不同区域市场都有不同产品可供研发生产。研发设计领先竞争对手的产品，提升产品的性价比，在市场竞争中可以获取更多的优势。如果企业研发设计的产品并不能很好地满足用户的需要，会直接导致用户采购订单的减少。因此应合理制定企业的产品研发战略，提升产品的竞争力与性价比，并在市场竞争中保持领先地位。

4. 人力资源战略

企业战略的实施需要人力资源的支持与保证。在人力资源开发与管理活动中，根据企业战略规划及经营目标，确定各部门各阶段所需人员的数量以满足各部门运转的实际需要，并对未来人力资源的需求进行科学的预测和规划。

5. 财务管理战略

企业财务管理是对企业资金运作的管理，是对企业业务活动的价值管理过程。企业运营过程中的各项活动都离不开财务部门的资金支持，合理规划并使用资金，提升资金效率，为企业创造更大的价值，是财务战略的基本目标。

财务管理中要重点做好资金筹措、成本核算和现金预算三方面的工作。

（1）资金筹措。

资金是企业生命的血液，是企业开展生产经营活动的基本条件。企业资金运动过程中的收支不平衡性，导致出现资金不足的企业为保证企业的正常生产经营，往往愿意以一定代价获取在一定期间内运用他人资金的权利，即进行银行借贷。模拟经营中，企业扩张是企业筹资的主要动机，特别是在经营前期，由于收入不足而投入不断增加，企业往往需要筹集更多的资金以满足企业正常运转。模拟经营中，每家企业在成立后都有一定的初始资金，如需要更多的资金，企业可以通过银行贷款、应收款贴现等方式来筹集资金。如果出现资金链断裂，为了使企业能够继续运营下去，系统会自动为企业提供紧急借款，但要注意的是，这种借款利率要比正常的银行借款利率高出数倍，且最终成绩也将受到一定影响。

（2）成本核算。

在模拟经营中，人力资源成本是企业运营的主要成本之一，当然还包括其他各项费用支出。企业经营的最终目标之一是盈利，而想要获取利润，一方面是努力提升企业的销售收入，扩大生产规模，开拓市场，提升销量；另一方面是有效控制成本，尽量减少一些不必要的支出，比如合理安排人员，在努力完成既定目标的前提下，尽量控制各项成本。这与手工沙盘中强调“开源节流”的经营思路是完全相同的，这也是企业经营的关键。

（3）现金预算。

企业筹措资金后，要合理使用资金，为提升企业绩效，编制现金预算是必不可少的，现金预算是落实企业经营目标和保证方案实施的重要工具。

现金预算与企业销售预算、生产预算、资本预算、筹资预算等相关联，现金预算的编制以各项营业预算和资本预算为基础，现金预算编制思路如图 5. 2 所示。

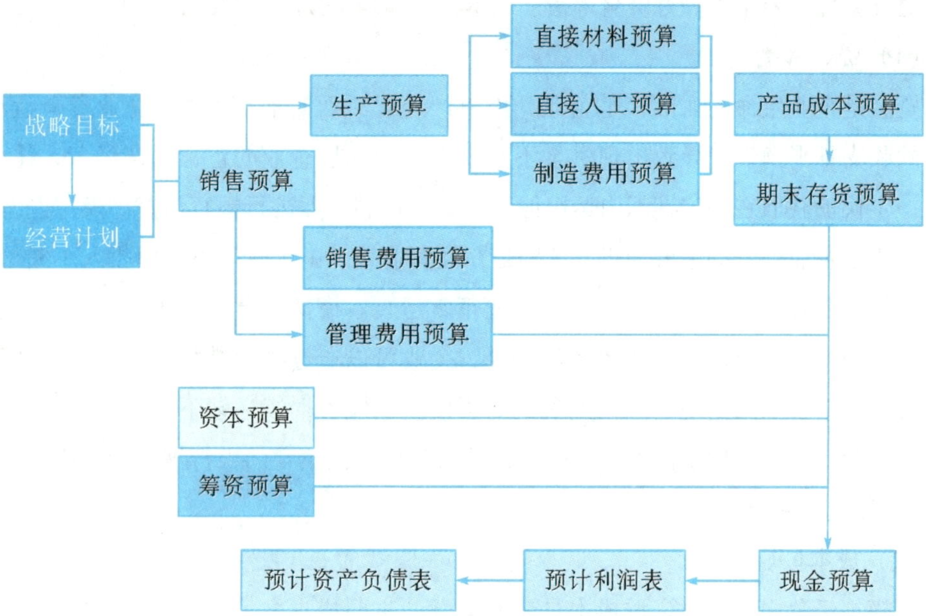

图 5.2　现金预算编制思路

现金预算反映预算期的收入款项和支出款项，并作对比说明，目的在于资金不足时筹措资金，资金多余时及时处理现金余额，并且提供现金收支的控制限额，发挥现金管理的作用。

①销售预算。

销售预算是整个预算编制的起点，其他预算的编制都应以销售预算为基础。销售预算需要在销售预测的基础上，根据企业阶段目标利润确定的预计销量和销售价格等参数进行编制。

②生产预算。

生产预算是在销售预算的基础上根据预计的销售量按品种分别编制，其主要内容有销售量、期初和期末存货、生产量。编制生产预算时要注意保持几者间的比例关系，以避免储备不足、产销脱节或超储积压等。

③直接材料预算。

直接材料预算以生产预算、材料消耗定额和预计材料采购单价等信息为基础进行编制，编制时还应考虑期初、期末材料存货水平。

④直接人工预算。

直接人工预算以生产预算为基础进行编制，其主要内容有预计产量、单位产品工时、总工时、每小时人工成本和人工总成本。模拟经营中涉及的直接人工预算主要是生产线上工人工资支出的预算。

⑤制造费用预算。

制造费用预算通常分为变动制造费用和固定制造费用两部分。变动制造费用以生产预算为基础进行编制。如果有完善的标准成本资料，则用单位产品的标准成本与产量相乘，即得到相应的预算金额；如果没有标准成本资料，就需要逐项预计计划产量需要的各项制造费用。固定制造费用需要逐项进行分析，通常与本期产量无关，按每阶段实际需要的支付额进行预计。

⑥产品成本预算。

产品成本预算是对生产预算、直接材料预算、直接人工预算、制造费用预算的汇总，其主要内容是产品的单位成本和总成本。同时，产品成本预算也为编制预计利润表和预计资产负债表提供数据。

⑦期末存货预算。

在编制期末存货预算时，如果没有特别需要，可假设期末产品存货为零。如果市场呈现快速增长趋势，在产能无法快速扩张的情况下，提前做好一定量的产品库存，有利于企业在后面市场快速扩张时满足销售的需要。

⑧销售费用预算。

销售费用预算是对为实现销售预算所需支付的费用预算。它以销售预算为基础，分析销售收入、销售利润和销售费用的关系，力求实现销售费用的最有效使用。在安排销售费用时，可利用量本利分析方法，使费用的支出获取更多收益。在草拟销售费用预算时，要对过去的销售费用进行分析，考察过去销售费用支出的必要性和效果。

⑨管理费用预算。

管理费用预算是指企业在正常运营过程中需要支出的如办公室租金、行政管理费等的预算。

⑩现金预算。

现金预算是有关预算的汇总，由现金收入、现金支出、现金多余或不足、资金的筹集和运用四个部分组成。

“现金收入”部分包括期初现金余额和预算本期现金收入，现金收入的主要来源是销售收入。期初的“现金余额”是在编制预算时预计的；“销货现金收入”的数据来自销售预算；“可供使用现金”是期初现金余额与本期现金收入之和。

“现金支出”部分包括预算的各项现金支出。其中“直接材料”“直接人工”“制造费用”“销售与管理费用”数据，分别来自前述相关预算；“所得税”“购置设备”“股利分配”等现金支出的数据分别来自另行编制的专门预算。

“现金多余或不足”是现金收入合计与现金支出合计的差额。差额为正，说明收入大于支出，现金有多余，可用于偿还借款或用于短期投资；差额为负，说明支出大于收入，现金不足，需要向银行取得新的借款或进行应收款贴现。

电子沙盘模拟经营中，现金预算非常重要，每个季度可依照表 5.1 进行现金预算，资金不足时，应及时进行贷款、应收款贴现等操作，避免出现紧急贷款。

表 5.1　现金预算表

类别	项目	第 1 季		第 2 季		第 3 季		第 4 季	
		增减	余额	增减	余额	增减	余额	增减	余额
季初现金余额									
现金支出：									
总经理	公司注册费用								
	行政管理费用								
	办公场地租金								
研发部	产品设计费用								
	产品研发费用								
营销部	市场开发费用								
	广告宣传费用								
	未交货订单违约金								

表5.1(续)

类别	项目	第1季		第2季		第3季		第4季	
		增减	余额	增减	余额	增减	余额	增减	余额
制造部	原料采购费用								
	厂房购买费用								
	设备购买费用								
	厂房租用费用								
	设备维修费用								
	设备升级费用								
	设备搬迁费用								
	资质认证费用								
人力资源部	管理人员工资								
	管理人员五险								
	销售人员工资								
	销售人员五险								
	生产工人工资								
	生产工人五险								
	员工招聘费用								
	员工培训费用								
	员工辞退补偿金								
	员工未签订合同罚金								

表5.1(续)

类别	项目	第1季		第2季		第3季		第4季	
		增减	余额	增减	余额	增减	余额	增减	余额
财务部	增值税								
	营业税								
	城建税								
	教育费附加								
	地方教育附加								
	所得税								
	借款利息								
	贴现利息								
	到期的应付账款								
	到期的银行借款								
现金支出合计									
现金收入：									
到期的应收账款									
销售产品收入									
卖出厂房收入									
卖出设备收入									
本期融资收入									
现金收入合计									
季末现金余额									

（四）税收及主要税种介绍

1. 税收

税收是指以国家为主体，为实现国家职能，凭借政治权力，依照法律规定，无偿取得财政收入的一种特定分配形式。它体现了国家与纳税人在征税、纳税的利益分配上的一种特殊关系，是一定社会制度下的一种特定分配关系。税收是国家参与经济管理、实行宏观调控的重要手段之一。税收具有强制性、无偿性、固定性三个特征。

国家财政收入的主要来源是企业缴纳的税金。国家的财政状况和财政政策，对于企业资金供应和税收负担具有重要的影响；国家通过设置各种税种并调整税率，起到调节生产经营的作用。国家税收制度特别是工商税收制度是企业财务管理的重要外部条件。企业的财务决策应当适应税收政策的导向，合理安排资金投放，以追求最佳的经济效益。

税收按不同的标准，主要可分为以下四种类型：

（1）按征税对象。

按征税对象可将税收分为流转税、所得税、财产税、资源税和行为税等。

（2）按税收的管辖权。

按税收的管辖权可将税收分为中央税、地方税、中央与地方共享税等。

（3）按税收负担能否转嫁。

按税收负担能否转嫁可将税收分为直接税和间接税。

（4）按征收实体。

按征收实体可将税收分为货币税和实物税。

2. 主要税种

改革开放之后我国税收制度日臻完善。中国现行的税收体系包含增值税、消费税、企业所得税、个人所得税、资源税、环境保护税、房产税、契税、土地增值税、城镇土地使用税、车船税、印花税、城市维护建设税、关税等 18 个税种。

以下将对常见的四种税种进行简要介绍。

（1）增值税。

增值税是一种以商品或劳务销售额为计税依据并扣除已征税款制度的流转税。从计税原理上讲，增值税是以商品（包括劳务）增值额为征税对象的一种税，因此叫增值税。但由于在实际工作中，准确计算商品的增值额十分繁杂，因此目前大多数国家都是根据增值税的计税原理，采取抵扣已征税款的办法计算征收增值税，我国也是如此。征收增值税的具体做法是：以商品销售额为计税依据，按照税法规定的税率计算出商品应负担的增值税额，然后扣除为生产商品所耗用外购物资（如原材料、燃料、低值易耗品等）在以前生产流通环节已缴纳的增值税，扣除后的余额为企业应纳税额。

增值税征收的依据是《中华人民共和国增值税暂行条例》及《中华人民共和国增值税暂行条例实施细则》。在中华人民共和国境内销售货物或者加工、修理修配劳务，销售服务、无形资产、不动产以及进口货物的单位和个人，均为消费税的纳税人，应当依照《中华人民共和国增值税暂行条例》缴纳消费税。

（2）消费税。

消费税是一种对特定消费品和消费行为征收的间接税，旨在调节消费结构、引导健康消费、抑制高能耗或高污染产品消费，同时增加财政收入。消费税主要针对以下四类商品征收：高能耗、高污染产品（成品油、木制一次性筷子、实木地板、电池、涂料等），奢侈品及高档消费品（化妆品、贵重首饰及珠宝玉石等），影响健康或社会管理的产品（烟、酒等），特定交通工具（小汽车、摩托车等）。

消费税根据税法确定的税目，按照应税消费品的销售额、销售数量分别实行从价定率或从量定额的办法计算应纳税额，消费税的纳税期限与增值税的纳税期限相同。

消费税征收的依据是《中华人民共和国消费税暂行条例》及《中华人民共和国消费税暂行条例实施细则》。在中华人民共和国境内生产、委托加工、进口应税消费品的单位和个人，均为消费税的纳税人，应当依照《中华人民共和国消费税暂行条例》缴纳消费税。

（3）企业所得税。

企业所得税以企业每一纳税年度的收入总额，减除不征税收入、免税收入、各项扣除以及允许弥补以前年度亏损后的余额，为应纳税所得额，企业所得税的税率一般为25%。企业所得税按纳税年度计算，纳税年度自公历 1 月 1 日起至 12 月 31 日止。企业所得税实行按月或按季预缴、年终汇算清缴、多退少补的征收办法。企业所得税分月或者分季预缴。企业应当自月份或者季度终了之日起 15 日内，向税务机关报送预缴企业所得税纳税申报表，预缴税款。企业应当自年度终了之日起 5 个月内，向税务机关报送年度企业所得税纳税申报表，并汇算清缴，结清应缴应退税款。企业在报送企业所得税纳税申报表时，应当按照规定附送财务会计报告和其他有关资料。

企业所得税征收的依据是《中华人民共和国企业所得税法》。在中华人民共和国境内，企业和其他取得收入的组织（不包括个人独资企业、合伙企业），为企业所得税的纳税人，依照《中华人民共和国企业所得税法》规定缴纳企业所得税。

（4）个人所得税。

个人所得税征收的依据是《中华人民共和国个人所得税法》。以个人取得的各项应税所得（包括劳务报酬所得、稿酬所得、特许权使用费所得、经营所得、利息股息红利所得、财产租赁所得等）为对象征收。

“学创杯”全国总决赛优胜团队比赛经验

四、任务与实施

（一）工作任务导入

工作任务 1 第一轮模拟经营

工作任务 2 第二轮模拟经营

工作任务 3 第三轮模拟经营

（二）工作任务思考

问题 1：在第一轮和第二轮模拟经营中如何设计有差别的产品战略或市场战略？

思考记录：____

____

____

____

问题 2：在第三轮模拟经营中，小组应该怎样分工，你将扮演怎样的角色？

思考记录：____

____

____

____

问题 3：你会做现金预算吗？

思考记录：____

____

____

____

（三）工作任务实施

1. 工作任务 1 第一轮模拟经营

（1）工作活动。

工作活动一：登陆系统，加入小组，设置好 CEO 操作角色。

工作活动二：第一季度经营与订单交付。

工作活动三：第二季度经营与订单交付。

工作活动四：第三季度经营与订单交付。

工作活动五：第四季度经营与订单交付。

（2）活动思考。

问题：你是否在经营前就已经规划设计好发展战略？

（3）活动实施。

第一轮模拟经营活动实施见表 5.2。

表 5.2 第一轮模拟经营活动实施

活动步骤	活动要求	检查与记录
步骤 1 教师建立教学班级、设置好小组数和市场规模	建立独立的教学班级，根据班级人数设置好小组数，市场规模沿用系统默认设置	此轮为学生独立操作，班级有多少人就设置多少个小组
步骤 2 加入班级与小组，设置角色	以注册账号登陆系统，加入对应的教学班级，任意加入一个小组，以姓名（或学号）命名，并将操作角色设置为“总经理（CEO）”	检查角色设置是否正确
步骤 3 第一季度经营	按照季度运营操作流程完成各项操作内容	重点检查劳动合同签订、产品报价、原材料预购、广告投放等是否已操作完成
步骤 4 第一季度订单交付	用库存商品交付订单	若遇库存不足，可考虑优先交付价格较高的订单或优先交付同一市场的订单
步骤 5 第二季度经营	按照季度运营操作流程完成各项操作内容	重点检查劳动合同签订、产品报价、原材料预购、广告投放等是否已操作完成
步骤 6 第二季度订单交付	用库存商品交付订单	若遇库存不足，可考虑优先交付价格较高的订单或优先交付同一市场的订单

表5.2(续)

活动步骤	活动要求	检查与记录
步骤7 第三季度经营	按照季度运营操作流程完成各项操作内容	重点检查劳动合同签订、产品报价、原材料预购、广告投放等是否已操作完成
步骤8 第三季度订单交付	用库存商品交付订单	若遇库存不足，可考虑优先交付价格较高的订单或优先交付同一市场的订单
步骤9 第四季度经营	按照季度运营操作流程完成各项操作内容	重点检查劳动合同签订、产品报价、原材料预购、广告投放等是否已操作完成
步骤10 第四季度订单交付	用库存商品交付订单	若遇库存不足，可考虑优先交付价格较高的订单或优先交付同一市场的订单

2. 工作任务2 第二轮模拟经营

（1）工作活动。

工作活动一：登陆系统，加入小组，设置好CEO操作角色。

工作活动二：第一季度经营与订单交付。

工作活动三：第二季度经营与订单交付。

工作活动四：第三季度经营与订单交付。

工作活动五：第四季度经营与订单交付。

（2）活动思考。

问题：你是否在经营前就已经规划设计好发展战略，与第一轮模拟经营的战略相比有何不同？

（3）活动实施。

第二轮模拟经营活动实施见表5.3。

表5.3　第二轮模拟经营活动实施

活动步骤	活动要求	检查与记录
步骤1 教师建立教学班级、设置好小组数和市场规模	建立独立的教学班级，根据班级人数设置好小组数，市场规模沿用系统默认设置	此轮为学生独立操作，班级有多少人就设置多少个小组

表5.3(续)

活动步骤	活动要求	检查与记录
步骤 2 加入班级与小组，设置角色	以注册账号登陆系统，加入对应的教学班级，任意加入一个小组，以姓名（或学号）命名，并将操作角色设置为“总经理(CEO)”	检查角色设置是否正确
步骤 3 第一季度经营	按照季度运营操作流程完成各项操作内容	重点检查劳动合同签订、产品报价、原材料预购、广告投放等是否已操作完成
步骤 4 第一季度订单交付	用库存商品交付订单	若遇库存不足，可考虑优先交付价格较高的订单或优先交付同一市场的订单
步骤 5 第二季度经营	按照季度运营操作流程完成各项操作内容	重点检查劳动合同签订、产品报价、原材料预购、广告投放等是否已操作完成
步骤 6 第二季度订单交付	用库存商品交付订单	若遇库存不足，可考虑优先交付价格较高的订单或优先交付同一市场的订单
步骤 7 第三季度经营	按照季度运营操作流程完成各项操作内容	重点检查劳动合同签订、产品报价、原材料预购、广告投放等是否已操作完成
步骤 8 第三季度订单交付	用库存商品交付订单	若遇库存不足，可考虑优先交付价格较高的订单或优先交付同一市场的订单
步骤 9 第四季度经营	按照季度运营操作流程完成各项操作内容	重点检查劳动合同签订、产品报价、原材料预购、广告投放等是否已操作完成
步骤 10 第四季度订单交付	用库存商品交付订单	若遇库存不足，可考虑优先交付价格较高的订单或优先交付同一市场的订单

3. 工作任务 3 第三轮模拟经营

（1）工作活动。

工作活动一：小组中负责系统操作的学生登陆系统，加入小组，设置好 CEO 操作角色。

工作活动二：第一季度经营与订单交付。

工作活动三：第二季度经营与订单交付。

工作活动四：第三季度经营与订单交付。

工作活动五：第四季度经营与订单交付。

（2）活动思考。

问题：结合小组成员在前两轮模拟经营中的成败得失，思考小组是否在正式经营前就已经规划设计好可行的发展战略？

（3）活动实施。

第三轮模拟经营活动实施见表 5.4。

表 5.4 第三轮模拟经营活动实施

活动步骤	活动要求	检查与记录
步骤 1 教师建立教学班级、设置好小组数和市场规模	建立独立的教学班级，根据班级分组设置好小组数，市场规模沿用系统默认设置	此轮为 3 人一组分组操作，因此按照分组数量设置好系统的操作小组数
步骤 2 加入班级与小组，设置角色	以注册账号登陆系统，加入对应的教学班级，任意加入一个小组，以姓名（或学号）命名，并将操作角色设置为“总经理（CEO）”	检查角色设置是否正确，否则会影响操作权限
步骤 3 第一季度经营	小组内部积极沟通与配合，按照季度运营操作流程完成各项操作内容	重点检查劳动合同签订、产品报价、原材料预购、广告投放等是否已操作完成
步骤 4 第一季度订单交付	用库存商品交付订单	若遇库存不足，可考虑优先交付价格较高的订单或优先交付同一市场的订单
步骤 5 第二季度经营	小组内部积极沟通与配合，按照季度运营操作流程完成各项操作内容	重点检查劳动合同签订、产品报价、原材料预购、广告投放等是否已操作完成
步骤 6 第二季度订单交付	用库存商品交付订单	若遇库存不足，可考虑优先交付价格较高的订单或优先交付同一市场的订单
步骤 7 第三季度经营	小组内部积极沟通与配合，按照季度运营操作流程完成各项操作内容	重点检查劳动合同签订、产品报价、原材料预购、广告投放等是否已操作完成
步骤 8 第三季度订单交付	用库存商品交付订单	若遇库存不足，可考虑优先交付价格较高的订单或优先交付同一市场的订单

表5.4(续)

活动步骤	活动要求	检查与记录
步骤 9 第四季度经营	小组内部积极沟通与配合，按照季度运营操作流程完成各项操作内容	重点检查劳动合同签订、产品报价、原材料预购、广告投放等是否已操作完成
步骤 10 第四季度订单交付	用库存商品交付订单	若遇库存不足，可考虑优先交付价格较高的订单或优先交付同一市场的订单

五、学习自测与评价总结

（一）学习自测

测试 1：第二轮模拟经营成绩相比第一轮有进步吗？

测试 2：你会做竞争对手调查吗？

测试 3：现金预算是否准确，有没有出现紧急贷款的情况？若有，请分析是哪个环节出了问题。

测试 4：第三轮模拟经营中小组分工合作情况怎么样？

（二）总结评价

根据模拟经营操作表现评分，打分表见表 5.5。

表 5.5 评价打分表

评价指标	评价内容	分值	自评打分	互评打分	教师打分
学习能力	能够根据自己已有的知识经验较准确理解与工作任务相关的新知识	20			
思维能力	能够从不同的角度提出问题，并考虑解决问题的方法	10			
创新能力	在小组讨论中能够与他人交流自己的想法，在较充分论述可行性基础上做到标新立异	10			
表达能力	能够较准确阐述工作任务和自己对相关问题的认识与观点	20			
小组协作能力	能够为小组提供信息，勇于质疑，给出方法，阐明观点	10			
实践操作能力	能够较准确完成工作任务及活动内容	30			
总分		100			

请各小组成员根据表 5.6 及组员情况进行团队协作评价打分，具体见表 5.6。

表 5.6 团队协作考评表

角色	自评	互评 1	互评 2
系统操作	□5 分 □4 分 □3 分 □2 分 □1 分 □0 分	□5 分 □4 分 □3 分 □2 分 □1 分 □0 分	□5 分 □4 分 □3 分 □2 分 □1 分 □0 分
数据计算	□5 分 □4 分 □3 分 □2 分 □1 分 □0 分	□5 分 □4 分 □3 分 □2 分 □1 分 □0 分	□5 分 □4 分 □3 分 □2 分 □1 分 □0 分

表5.6(续)

角色	自评	互评 1	互评 2
市场监测	□5 分 □4 分 □3 分 □2 分 □1 分 □0 分	□5 分 □4 分 □3 分 □2 分 □1 分 □0 分	□5 分 □4 分 □3 分 □2 分 □1 分 □0 分

评分标准：

（1）团队协作意识很强，积极主动协助出色完成工作任务。(5 分)

（2）团队意识较强，能够与团队成员保持良好合作关系，主动协助完成工作任务。(4 分)

（3）团队意识一般，仅在成员要求时才协助完成工作任务。(3 分)

（4）团队意识较差，协助时偶尔发牢骚，只能根据成员的请求提供一般的协助。(2 分)

（5）团队意识很差，协助时经常发牢骚，挑挑拣拣。(1 分)

（6）毫无团队意识，请求协作时推三推四，事不关己，高高挂起。(0 分)

根据各项任务完成情况、学习效果等撰写学习总结。

学习报告

第四篇

总结

项目六 实验总结

一、项目概述

本项目将帮助学生对 ERP 沙盘模拟经营进行全面总结，包括对企业经营成败关键因素的认知分析、手工沙盘模拟经营体会、电子沙盘模拟经营体会等。

二、学习目标

（一）素质目标

1. 对总结汇报内容负责，提升工作责任心。

2. 汇报中充分展示团队成果和价值，强化团队协作精神。

（二）知识目标

1. 理解实验背后关于企业经营本质、有效提升利润的核心知识。

2. 熟悉实验背后会计、财务管理等相关学科知识。

（三）能力目标

1. 能够全面准确收集各种信息，并进行系统梳理和分析，以清晰、有条理的方式展示，提升信息收集与整合能力。

2. 能够运用严谨的逻辑结构组织内容，使汇报具有清晰的脉络和层次，提升逻辑思维能力。

3. 能够用简洁明了、准确恰当的语言表达观点和想法，提升沟通表达能力。

4. 能够运用科学的数据分析方法，深入挖掘和解读数据，提升数据分析能力。

三、知识准备

（一）企业经营本质

在企业沙盘模拟经营中，企业经营的本质是通过系统化的决策和有限资源的科学配置，在动态竞争环境中实现生存、盈利与增长，实现企业的可持续发展和价值最大化。通过企业沙盘模拟经营实践，参与者能深刻理解企业运营的系统性、动态性和复杂性，从而提升全局思维和战略决策能力。

在沙盘模拟经营中，“开源节流”是核心经营策略之一，需结合沙盘规则灵活运用。图 6.1 和 6.2 展示了模拟经营中关于“开源”和“节流”思考的方向和具体内容。

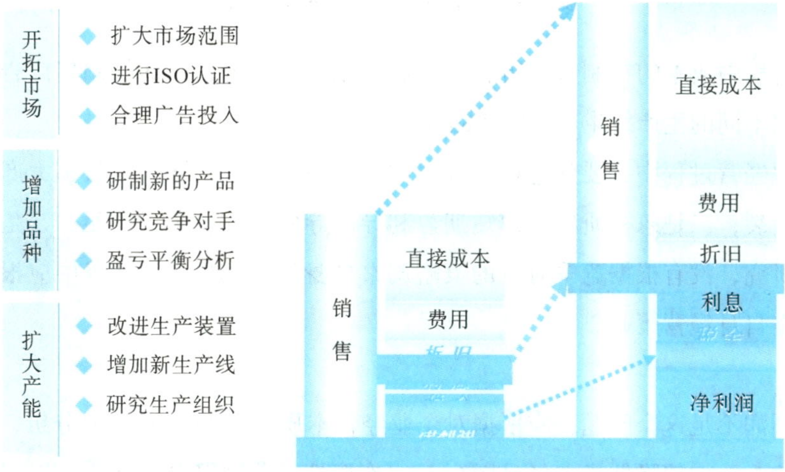

图 6.1　沙盘模拟经营“开源”策略

经营前的战略分析与谋划非常重要。企业应通过竞品分析抢占空白市场，比如在手工沙盘经营初期放弃主流 P1 产品，快速研发 P3 抢占高利润区域市场；利用广告策略建立局部垄断，如在某区域市场集中投放广告形成市场准入壁垒；产品规划研发的节奏与 ISO 认证同步，提前布局高端产品生产线；合理使用长贷与短贷组合，通过贴现操作实现资金周转率最大化等。

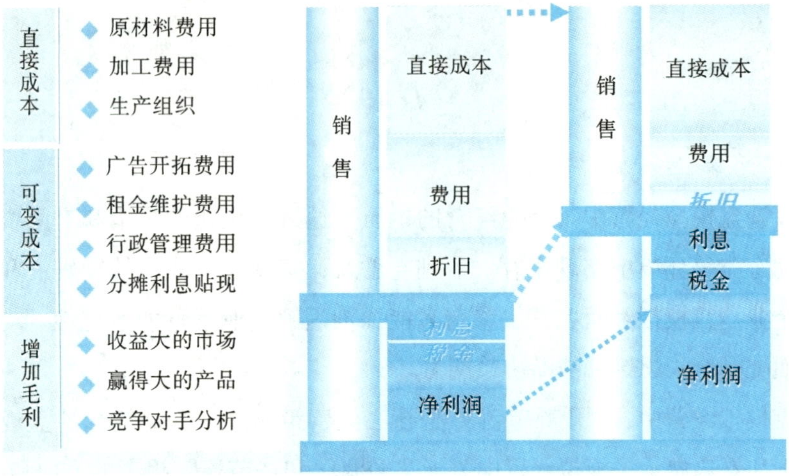

图 6.2　沙盘模拟经营“节流”策略

经营过程中成本的控制很关键，需要做全成本核算分析，如控制好广告费的合理支出，利用不同的生产线生产不同产品等。

在模拟经营过程中，要注意以下几个问题：一是过度扩张，盲目扩大产能可能导致资金链断裂；二是忽视研发，即短期盈利导向导致后期竞争力不足；三是忽视对竞争对手的研究，没有根据竞争对手的策略调整自身经营，如电子沙盘中应根据产品评分结果调整自身经营策略。

（二）企业经营系统化思考

围绕利润不足这个问题，应依据对企业经营本质“开源节流”的分析，综合考虑如何增加收入、如何降低成本（见图6.3）。在模拟经营过程中，会经常出现决策分散、顾此失彼的问题，比如可能只关注销售而忽略了财务风险，或是生产计划与市场需求不匹配等。因此，企业要注意各经营模块的协同作用，如市场分析需要结合产品研发，生产计划要与市场需求、原料库存相协调，财务预算需要覆盖所有部门的资金需求。同时，团队的有效协作也是非常重要的，团队沟通不畅往往是造成各经营模块不能很好协同的一个重要原因，模拟经营中要特别强调角色分工、信息共享与沟通协作的重要性。

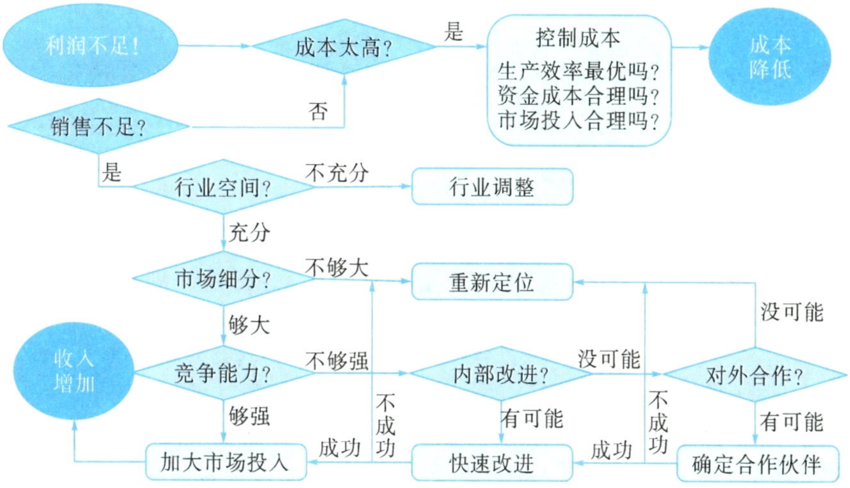

图 6.3　模拟经营系统化思考框架

（三）会计恒等式与财务管理

1. 沙盘经营底层逻辑

会计恒等式（资产 = 负债 + 所有者权益）是财务记录的根基，它在沙盘模拟经营中体现了企业资源的来源与用途的平衡。资产是企业控制的资源，包括现金、存货、设备等；负债是企业对外部债权人的债务，如贷款、应付账款等；所有者权益则是股东投入的资本及留存收益。这三者必须始终平衡，即企业所有的资源（资产）或来自借款（负债），或来自股东投入和经营积累（所有者权益）。

会计恒等式不仅是财务记录规则，更是企业资源运作的底层逻辑。会计恒等式的重要性体现在两个方面：一是可以实现资金分配可视化，每项决策如购置厂房、生产线、原材料采购等都会直接影响资产结构，同时可能对应着负债（贷款）或所有者权益（利润留存）的变化；二是进行风险控制，若负债过高（如过度贷款），可能导致所有者权益为负（资不抵债），触发破产条件。

在沙盘模拟经营过程中，需动态追踪每一项决策对等式的影响，才能实现稳健经营。不能只关注利润表，而忽视资产负债表，利润高并不等于现金流充足，如大量赊销可能导致“纸面富贵”；不能过度依赖负债，高杠杆可能能在短期内扩大规模，但利息压力和偿债风险会限制长期灵活性；不能忽视资产的流动性，固定资产占比过高如建设大量生产线可能导致资金周转困难。

2. 沙盘经营战略工具

财务管理是沙盘模拟经营的重要战略工具，能帮助企业实现资源优化配置、控制成本、最大化权益。

（1）现金流管理。

现金流是企业短期生存的关键，如沙盘中常见“盈利但破产”的陷阱（订单回款周期长导致现金断流），因此企业应通过预测现金缺口，提前规划贷款或调整生产计划，控制应收账款账期。

（2）成本控制。

不同类型生产线会影响折旧费用，要避免产能闲置如生产线空转导致折旧浪费。原材料采购会影响变动成本，电子沙盘经营中企业应通过批量采购原材料实现规模效应以降低单位成本。

（3）资本结构优化。

企业要注意负债与权益的平衡，如高杠杆可加速扩张，但利息支出侵蚀利润，只依赖利润留存则可能错失市场机会。在经营初期可通过适度贷款抢占市场，后期需逐步降低负债率以提升净资产收益率（ROE）。

（4）投资决策。

长期资产投入（如研发新产品、开拓市场）需结合回报周期进行评估，ISO 认证、新市场准入需要多期的持续投入，需与短期现金流压力权衡。

会计恒等式是静态平衡的底线，财务管理是动态优化的手段。在沙盘模拟经营中需通过财务报表快速诊断问题（如库存积压、应收账款过高），结合会计恒等式约束，制定融资、生产、销售联动的策略，以 ROE 为核心，平衡风险与收益，最终实现所有者权益最大化。

四、任务与实施

（一）工作任务导入

工作任务 1 手工沙盘模拟经营总结

工作任务 2 电子沙盘模拟经营总结

(二) 工作任务思考

问题 1：企业经营成功的关键因素是什么？

思考记录：

问题 2：手工沙盘模拟经营的体会与收获？

思考记录：

问题 3：电子沙盘模拟经营的体会与收获？

思考记录：

问题 4：如果重新经营，你会怎么做？

思考记录：

问题 5：本课程让你印象最深的内容是什么？有什么感受和想法能带入以后的学习？

思考记录：

（三）工作任务实施

1. 工作任务 1 手工沙盘模拟经营总结

（1）工作活动。

工作活动一：计算各组企业综合发展潜力得分。

工作活动二：计算各组手工沙盘模拟经营总成绩。

工作活动三：制作汇报幻灯片。

工作活动四：总结汇报。

工作活动五：教师点评与总结。

工作活动六：撰写实验报告。

（2）活动思考。

问题：汇报幻灯片的内容是否全面，是否有效利用经营数据来进行分析说明？

（3）活动实施。

手工沙盘模拟经营总结活动实施见表 6.1。

表 6.1　手工沙盘模拟经营总结活动实施

活动步骤	活动要求	检查与记录
步骤 1 由教师计算各小组企业综合发展潜力得分	根据各组沙盘盘面状况和经营过程中的各项记录数据，计算各小组企业综合发展潜力得分	注意加减分的准确性
步骤 2 计算各组手工沙盘模拟经营总成绩	手工沙盘模拟经营得分=结束年所有者权益×（1+企业综合发展潜力得分/100）	按照百分制进行评分；计算出来的分数可能会超过 100 分，此时需要进行折算，可将分数最高的一个组定义为满分 100 分，其他组依次酌情递减
步骤 3 制作汇报幻灯片	精简内容，需在 8 分钟左右完成小组汇报	幻灯片文字精简，能利用图表来展示说明
步骤 4 总结汇报	每个组汇报时间控制在 8 分钟左右，可以提前做讲解预演	严格控制汇报时间；汇报讲解人对内容的熟悉程度、语言表达的准确性与流畅性
步骤 5 教师点评与总结	针对各组模拟经营过程表现和汇报情况进行有针对性的点评，发现优点，指出不足与改进建议	可重点对模拟经营过程中各组团队协作情况进行点评，对坚持不懈、锲而不舍的小组进行重点表扬，并对表现比较突出的学生予以肯定

表6.1(续)

活动步骤	活动要求	检查与记录
步骤6 撰写实验报告	认真填写实验报告各项内容;“实验结果与分析”要将6年经营状况进行概括说明,“实验总结”要对个人履职情况、工作效果等进行总结,总结优点和不足并提出未来改进措施等,这两点内容都应当是个性化的表达	“实验结果与分析”和“实验总结”部分内容是否存在雷同、抄袭情况

2. 工作任务2 电子沙盘模拟经营总结

(1) 工作活动。

工作活动一:确认第一轮模拟经营成绩。

工作活动二:确认第二轮模拟经营成绩。

工作活动三:确认第三轮模拟经营成绩。

工作活动四:计算电子沙盘模拟经营总成绩。

工作活动五:制作汇报幻灯片。

工作活动六:总结汇报。

工作活动七:教师点评与总结。

工作活动八:撰写实验报告。

(2) 活动思考。

问题:汇报幻灯片的内容是否全面,是否有效利用经营数据来进行分析说明?

(3) 活动实施。

电子沙盘模拟经营总结活动实施见表6.2。

表6.2 电子沙盘模拟经营总结活动实施

活动步骤	活动要求	检查与记录
步骤1 确认第一轮模拟经营成绩	根据系统提示的“最终得分”确定个人模拟经营成绩	按照百分制进行评分,可以将第一名设定为100分,从第二名开始依次酌情递减
步骤2 确认第二轮模拟经营成绩	根据系统提示的“最终得分”确定个人模拟经营成绩	按照百分制进行评分,可以将第一名设定为100分,从第二名开始依次酌情递减

表6.2(续)

活动步骤	活动要求	检查与记录
步骤 3 确认第三轮模拟经营成绩	根据系统提示的“最终得分”确定小组模拟经营成绩	按照百分制进行评分，可以将第一名设定为 100 分，从第二名开始依次酌情递减
步骤 4 计算电子沙盘模拟经营总成绩	电子沙盘模拟经营总成绩=第一轮模拟经营最终得分×20%+第二轮模拟经营最终得分×30%+第三轮模拟经营最终得分×50%	学生在第三轮模拟经营中的成绩可以按照小组最终得分计算，也可根据实际表现情况酌情进行加减分处理
步骤 5 制作汇报幻灯片	精简内容，需在 8 分钟左右完成小组汇报	幻灯片文字精简，能利用图表来展示说明
步骤 6 总结汇报	每个组汇报时间控制在 8 分钟左右，可以提前做讲解预演	严格控制汇报时间；汇报讲解人对内容的熟悉程度、语言表达的准确性与流畅性
步骤 7 教师点评与总结	针对各组模拟经营过程表现和汇报情况进行有针对性的点评，发现优点，指出不足与改进建议	可重点对模拟经营过程中各组团队协作情况进行点评，对有较大进步的学生予以表扬肯定
步骤 8 撰写实验报告	认真填写实验报告各项内容；“实验结果与分析”要将三轮模拟经营状况进行概括说明，“实验总结”部分要对个人履职情况、工作效果等进行总结，总结优点和不足并提出未来改进措施等；这两个部分内容都应当是个性化的表达	“实验结果与分析”和“实验总结”部分内容是否存在雷同、抄袭情况

ERP 沙盘模拟经营总结汇报相关建议

五、学习自测与评价总结

（一）学习自测

测试 1：此次汇报所制作的幻灯片相比以前有进步吗？

测试 2：在汇报中有没有将自己计划要讲的内容完整表达？这次汇报中的语言表达能力相比以前有进步吗？

测试 3：就总结汇报而言，未来在哪些方面还可以改进与提升？

（二）总结评价

根据任务实际完成情况评分，打分表见表 6.3。

表 6.3　评价打分表

评价指标	评价内容	分值	自评打分	互评打分	教师打分
学习能力	能够根据自己已有的知识经验较准确地理解与工作任务相关的新知识	20			
思维能力	能够从不同的角度提出问题，并考虑解决问题的方法	10			

表6.3(续)

评价指标	评价内容	分值	自评打分	互评打分	教师打分
创新能力	在小组讨论中能够与他人交流自己的想法，在较充分论述可行性基础上做到标新立异	10			
表达能力	能够较准确阐述工作任务和自己对相关问题的认识与观点	20			
小组协作能力	能够为小组提供信息，勇于质疑，给出方法，阐明观点	10			
实践操作能力	能够较准确完成工作任务及活动内容	30			
总分		100			

根据各项任务完成情况、学习效果等撰写学习总结。

学习报告